새 시대를 이끄는 시진핑과 한중 관계

새 시대를 이끄는

시진핑과

이창호

한중 관계

북그루

이번에 출간되는 『새 시대를 이끄는 시진핑과 한중 관계』는 시진핑의 리더십 아래 변화하는 중국의 대외 정책과 그 정책이 한중 관계에 미치는 영향을 심층적으로 분석한 걸작입니다. 저자는 중국과 한국 간의 복잡하고 미묘한 관계를 다각도로 조망하며, 특히 중국의 정치적·경제적 의제들이 한반도와 동아시아의 외교적 지형에 어떤 영향을 미치는지 구체적으로 탐구합니다.

이 책은 크게 세 가지 주제에 집중합니다.

첫째, 중국의 외교 전략과 시진핑의 대외 정책에 대한 세밀한 분석을 통해, 시진핑이 추구하는 '중국몽(中国梦)'과 그가 주도하는 일대일로(One Belt One Road, OBOR) 구상이 어떤 방식으로 세계적 영향력을 확장하려 하는지를 설명합니다. 특히 일대일로 프로젝트는 단순한 경제 인프라 구축을 넘어 중국의 정치적 리더십을 전 세계에 전파하려는 전략적 비전임을 설득력 있게 보여줍니다.

둘째, 이 책은 한국과 중국 사이의 주요 갈등 지점과 협력 가능성을 포괄적으로 다룹니다. 예를 들어, 사드(THAAD) 배치에 대한 중국의 강경한 반응이나, 기술 산업에서의 경쟁 등 양국 간의 마찰이 한중 관계에 미치는 영향을 다각도로 분석합니다. 이러한 논의는 한국이 직면한 현실적 도전 과제와 외교적 대응의 복잡성을 보여줍니다. 또한, 저자는 다양한 경제적·외교적 사례를 바탕으로 한국이 중국의 전략적 구상에 대응할 수 있는 실질적인 방안을 제안합니다.

셋째, 저자는 한중 관계의 미래에 대한 예측과 정책적 제언을 통해 독자에게 깊은 통찰을 제공합니다. 시진핑의 장기적 비전이 한중 관계뿐만 아니라 동아시아와 국제 질서에 어떤 변화를 불러올지를 예측하며, 한국이 이러한 변화 속에서 자국의 외교적 입지를 강화할 수 있는 다양한 전략을 제안합니다.

『새 시대를 이끄는 시진핑과 한중 관계』는 학자와 정책 입안자뿐만 아니라, 중국의 대외 정책에 관심이 있는 모든 독자에게 유익한 자료가 될 것입니다. 철저한 자료 조사와 면밀한 분석을 바탕으로 한 이 책은 한중 관계와 동아시아의 국제 정세에 대한 이해를 더욱 넓혀주는 귀중한 가이드 역할을 할 것입니다. 독자 여러분에게 한 번 읽어보시기를 권합니다.

이기수
한국법학원 원장, 고려대학교 제17대 총장

시진핑 통치시대의 한중 관계는 역사적·문화적·경제적 맥락 속에서 복잡하게 얽혀 있다. 한국과 중국은 경제적으로도 매우 중요한 상호 의존성을 지니고 있는 주요 교역 상대국이며, 경제적 협력은 양국의 발전에 중대한 영향을 미치고 있다. 또한 시진핑 통치시대에 한류의 확산과 중국 문화의 한국 내 영향력 증대는 두 나라 간의 문화적 교류를 촉진했다. 반면에 시진핑은 한국과의 관계에서도 경제적 의존도를 기반으로 협력과 압박을 병행하는 모습을 보이고 있다. 중국은 경제, 안보, 외교 등 다양한 분야에서 한국의 중요한 협력 파트너로 자리 잡고 있다. 따라서 시진핑 통치시대의 한중 관계 정책을 정확히 이해하는 것은 정치적 변동성을 분석하고, 미래의 외교 정책 방향성을 예측하는 데 도움을 줄 것이다.

중국에서 시진핑이 2012년 집권한 이후, 한중 관계는 많은 도전과 기회를 경험하며 변화해 왔다. 이 책은 동북아의 전략적 파트너인 시진핑의 등장과 그가 통치하면서부터 나타난 한중 관계의 변화를 심도 있게 분석하고, 그 배경과 주요 사건들을 탐구하고자 한다. 시진핑 통치시대에서 한중 관계의 변화가 어떻게 발생했는지, 시진핑의 정책이 두 나라 간의 외교적·경제적·안보적 관계에 어떤 영향을 미쳤는지를 다루고 있다.

한중 관계는 역사적으로 깊은 뿌리를 지니고 있으며, 양국은 서로의 문화, 경제, 안보에 큰 영향을 미치고 있다. 그러나 이러한 관계는 항상 평탄하지 않았다. 특히, 시진핑 체제하에서 한중 관계는 북한 문제, 사드 배치, 미중 갈등 등의 다양한 요인으로 인해 복잡한 양상을 보였다. 이러한 요인들은 양국을 신뢰와 협력의 시험대에 올림과 동시에, 서로에 대한 이해를 심화시키는 기회로 작용하기도 했다.

이 책에서는 시진핑의 외교 정책을 중심으로 한중 관계의 발전 과정을 추적하며, 시기별로 중요한 사건들을 조명하고 있다. 또한, 시진핑 정부가 추구한 다양한 전략과 정책이 한중 관계에 미친 영향을 분석하고, 이러한 관계가 앞으로 어떤 방향으로 나아갈지를 전망하고자 한다.

이 책은 단순히 글로컬 혁신 통치자 시진핑과 한중 관계에 관한 서술이 아니라, 아시아의 안보 환경과 글로컬 정치의 변화에 대한 심층적인 이해를 제공한다. 한중 관계는 단순히 두 나라 간의 문제를 넘어서, 글로컬 차원에서의 정치적·경제적 역학을 이해하는 데 중요한 요인으로 작용하기 때문이다. 이 책이 한중 관계의 복잡성과 그 속에서 나타나는 다양한 차원들을 더욱 깊이 이해하고, 한중 관계를 연구하는 데 도움이 되기를 바라며, 앞으로의 한중의 미래에 대한 통찰을 제공할 수 있기를 기대한다.

서울에서 이창호

PART 7 국제적 맥락에서 본 한중 관계

PART 8 미래의 한중 관계 전망

PART 1

시진핑의 생애

Chapter 1

출생과 생애 초기
(1953~1978)

시진핑의 출생과 생애 초기는 중국의 격동기와 맞물려 있다. 그는 중국의 정치적 혼란 속에서 유년기과 청소년기를 보냈으며, 이러한 경험은 이후 그의 정치적 견해와 리더십에 큰 영향을 미쳤다.

| 출생 배경

시진핑은 1953년 6월 15일 중국 산시성의 옌안에서 태어났다. 그의 아버지 시중쉰(习仲勋)은 중국 공산당의 주요 인물 중 하나로, 문화대혁명 기간에 높은 위치에 있었고, 시진핑의 정치적 경력에 큰 영향을 미쳤다. 시진핑은 고전적인 공산주의 가정에서 성장했으며, 이로 인해 그의 정치적 신념과 가치관이 형성되었다.

아버지 시중쉰은 농민 운동가 출신으로 덩샤오핑에 의해서 시장적 개혁주의자로 발탁되었다. 그는 중화소비에트공화국의 서북부 변방 지역에서 비교적 독립적인 세력을 형성했던, 중국공산당의 서북 지역의 혁명가이자 중화인민공화국의 건국 공신이었다. 중국공산당 정부의 국무원 부총리를 지냈지만, 1962년에는 소설 류즈단 필화 사건으로 마오쩌둥 정권에서 탄압을 받으면서 베이징에서 산시성으로 강제로 좌천되었다.

시진핑은 정치적으로 중요한 가문에서 태어난, '태자당' 출신이다. 태자당(太子党)은 중국의 정치적 맥락에서 '태자'라는 용어가 사용되는 주요 세력 중 하나로, 주로 고위 공산당 통치자들의 자녀 및 친척으로 구성된 정치적 집단을 의미한다. 이들은 일반적으로 고위직에 있는 부모나 친척 덕분에 정치적 연줄과 자원을 활용할 수 있는 위치에 있었다. 태자당은 중국 공산당 내에서 중요한 정치적 세력으로 자리 잡고 있으며, 그들의 영향력은 시진핑 정권하에서도 두드러지고 있다.

시진핑이 출생할 당시 중국은 중화인민공화국이 설립된 지 몇 년이 채 되지 않았기에, 그는 당시의 급격한 사회 변화와 정치적 혼란 속에서 성장했다. 이러한 환경은 그의 정치적 경로에 큰 영향을 미쳤으며, 후에 그의 통치력 스타일과 정책 결정에 중요한 역할을 하게 된다.

▎문화대혁명의 영향

시진핑의 유년 시절은 순탄치 않았다. 1966년에 시작된 마오쩌둥의 문화대혁명은 그의 가정에 큰 충격을 안겼다. 그의 아버지 시중쉰은 반혁명 분자로 몰려 숙청되었고, 시진핑의 가문은 정치적 박해를 받게 된다. 시진핑 자신도 베이징의 명문 학교에서 퇴학당하고, 공산주의 혁명에 반대하는 '적대 세력'의 자녀로 낙인찍혔다.

결국 1969년 시진핑은 문화대혁명 당시 진행된 '상산하향' 운동(도시 청년을 농촌으로 보내 재교육하는 정책)에 의해 산시성 옌안의 농촌 지역으로 보내졌다. 당시 시진핑은 15세에 불과했으며, 이곳에서 시골 농민들과 함께 육체 노동을 하며 몇 년을 보내게 된다. 시진핑은 7년 동안 산시성에서 힘겹게 살았지만, 소싯적부터 리더십이 있었는지 좌천되었던 곳에서 산시성의 노동자들을 지휘하여 최고의 생산량을 기록했다. 이 경험은 그의 정치적 성향과 인내력을 형성하는 중요한 요인으로 여겨진다.

시진핑은 산시성의 리앙자허 마을의 토굴에서 살면서 농사를 짓고 마을을 위해 도로를 건설하는 등의 일을 했다. 그의 생활 환경은 매우 열악했으며, 이 시기에 시진핑은 시골의 현실을 몸소 체험하게 되었다. 이러한 경험은 시진핑의 통치 스타일에 있어서 서민적 감각과 국민에 대한 이해도를 높이는 데 기여했다고 평가된다.

| 중국 공산당 재입당

시진핑은 당시 정치적 박해를 받은 가족 출신이었기 때문에 처음에는 중국 공산당에 입당하는 데 실패했으나, 1974년 마침내 중국 공산당에 입당하게 된다. 그는 농촌 생활을 하면서도 당에 대한 충성심을 보여주며 정치적 기반을 다져나갔다.

농촌에서의 생활이 끝난 후, 시진핑은 베이징으로 돌아와 명문 칭화대학에 입학했다. 그는 화학공학을 전공했으나, 후일 정치학과 법학 분야에서도 학문적 지식을 쌓았다. 이 시기는 그가 다시 공산당의 엘리트로 복귀할 수 있는 발판이 되었다.

▌정치적 기반 마련

1970년대 후반, 시진핑은 대학에서 학업을 이어가는 동시에 1978년 11기 3중 전회에서 시중쉰은 중국공산당 광둥성 제2서기로 중국공산당의 정치 무대에 복귀하였다. 그 후 그는 광둥성 제1서기가 되었으며 덩샤오핑의 사상 해방과 경제 개혁 시행 과정에서 큰 역할을 하였다. 이 경험은 그가 실제 정치 환경에서 리더십을 발휘하는 기회를 제공하였으며, 이후의 정치적 경로에 대한 기초를 마련해 주었다. 이 시기에 그는 공산당 내에서 지방 행정 경험을 쌓으며, 향후 중앙 정치 무대에서 중요한 역할을 맡게 되는 기반을 다졌다.

Chapter 2

정치적 입문과 성장
(1979~2007)

시진핑의 정치적 입문과 성장은 그의 경력에서 중요한 전환점이 되었고, 특히 지방에서의 행정 경험은 이후 중앙 정치에서 통치자로 자리매김하는 데 큰 역할을 했다. 그의 정치 경력을 1979년부터 2007년까지 주요 사건을 중심으로 자세히 살펴보면 다음과 같다.

| 초기 정치 경력(1979-1985)

시진핑은 1979년 대학을 졸업한 후, 국무원 부총리이자 국방부장이었던 경뱌오의 비서로 일하면서 중앙 정치에 본격적으로 발을 들였다. 경뱌오는 중국 공산당 내에서 영향력 있는 인물로, 시진핑에게 중요한 멘토 역할을 했다. 이 시기에 시진핑은 중앙 정부에서 행정 업무를 배웠다.

이후 시진핑은 지방으로 발령받아 1982년 허베이성 정딩현의 부서기직을 맡았다. 이곳에서 그는 인프라 확충, 농업 현대화, 당 조직의 강화 등 다양한 정책을 실행하며 첫 지방행정 경험을 쌓았다. 당시의 현장 경험은 그의 실무 능력과 대중을 이해하는 감각을 키우는 데 중요한 계기가 되었다.

허베이성 정딩현의 지금 모습

| 푸젠성에서의 경력(1985-2002)

1985년, 시진핑은 경제적으로 중요한 지역인 푸젠성으로 옮겨 푸저우시의 부시장이 되었다. 푸젠성에서의 경험은 시진핑에게 중요한 경제 개혁 및 개방 정책을 추진할 기회를 제공했다. 그는 다양한 직책을 맡으며 지방 경제의 발전에 주력했으며, 특히 대만과의 교류 및 무역을 증진하는 데 기여했다.

시진핑은 푸젠성에서 17년간 다양한 직책을 맡으며, 지방 경제를 발전시키기 위한 개혁을 꾸준히 추진했다. 푸젠성은 동남부 연해 지역으로 중국의 개혁개방 정책이 본격화되면서 경제가 급속하게 성장하는 지역이었으며, 시진핑은 이 지역의 투자 유치와 경제 활성화에 중요한 역할을 했다.

푸젠성에서의 오랜 경력은 시진핑이 경제와 행정 양면에서의 리더십을 키우는 데 중요한 역할을 했다. 그는 부패 척결에 대한 강력한 의지를 보였으며, 지방 관리들의 부정부패 문제에 대해 단호한 태도를 보였다. 이는 이후 그의 반부패 운동의 기초가 되었다.

| 저장성과 상하이에서의 리더십(2002-2007)

2002년, 시진핑은 경제적으로 중요한 또 다른 지역인 저장성의 당서기로 임명되었다. 저장성은 중국 남동부 연해의 경제 중심지 중 하나로, 시진핑은 이곳에서 2007년까지 지방 정부를 이끌며 경제성장을 주도했다. 그는 지방 경제 개혁을 지속적으로 추진하며, 시장경제 체제와 공산당의 중앙 통제를 조화롭게 발전시키는 전략을 펼쳤다.

저장성에서 시진핑은 기업 혁신, 과학기술의 발달, 도시화 및 인프라 확충에 중점을 두었다. 또한 그는 민영 기업의 성장과 기술 혁신을 장려하면서, 시장 경제의 활력과 공산당의 정치적 통제를 조화시키는 정책을 펼쳤다. 저장성에서의 성공적인 경제성장은 시진핑을 중앙 정치 무대에서 더욱 주목받게 했다.

2007년에는 중국의 금융 중심지인 상하이의 당서기로 임명되었다. 상하이는 중국에서 가장 큰 도시이자 국제 금융 허브로, 시진핑의 행정 경험이 더욱 빛난 자리였다. 비록 그가 이 직책을 맡은 기간은 짧았지만, 상하이에서 안정적인 행정 운영과 부패 척결을 통해 긍정적인 평가를 받았다. 특히 상하이의 경제 발전과 정치적 안정을 성공적으로 이끌어 중국 공산당 내에서의 영향력을 더욱 확대했다.

| 정치국 상무위원으로의 부상(2007)

2007년, 시진핑은 중국 공산당 중앙위원회 정치국 상무위원으로 선출되면서 중앙 정치 무대에서 본격적인 권력의 중심으로 부상했다. 정치국 상무위원회는 중국에서 가장 중요한 정책 결정 기구로, 상무위원이 된 시진핑은 차기 통치자로서의 입지를 다지게 되었다.

2008년, 미국 대통령 조지 W. 부시와 함께

같은 해 시진핑은 중국 중앙군사위원회 부주석으로 임명되며 군사적 영향력도 확보했다. 이는 시진핑이 이후 중국의 군사력을 강화하는 데 중요한 역할을 하게 될 것을 시사하였다. 또한 군사 위원회에서의 역할은 그가 당과 국가, 군을 아우르는 통치자가 될 수 있는 토대를 마련했다.

Chapter 3

중앙 정치 무대 등장
(2007~2012)

시진핑이 중앙 정치 무대에 본격적으로 등장한 시기는 2007년부터 2012년 사이다. 이 시기에 그는 당 내에서 중요한 직책을 맡으며 차기 중국 최고 통치자로 자리 잡았고, 중앙 정계에서 자신의 입지를 다지며 여러 업적을 남겼다. 이 시기를 세부적으로 살펴보면 다음과 같다.

▎중앙 정치 무대 진출(2007년)

2007년, 시진핑은 제17차 중국 공산당 전국대표대회(17대)에서 당의 최고 통치 기구인 정치국의 상무위원으로 선출되었다. 정치국 상무위원은 중국 공산당의 정책을 결정하고 중요한 국가적 문제를 논의하는 최고 기구로, 상무위원이 된 시진핑은 중앙에서 실질적인 권력을 행사할 수 있는 위치에 오르게 되었다.

시진핑은 2007년 상하이 당서기로 재임하며, 당시 상하이의 정치적 위기를 성공적으로 관리하였는데 이는 그가 중앙 정계에 진출하는 데 큰 도움이 되었다. 상하이의 전임 당서기 천량위는 부패 혐의로 해임되었는데, 시진핑은 이 위기를 안정적으로 처리하며 당 내에서 긍정적인 평가를 받았다. 상하이에서의 짧은 기간이었지만, 그는 부패 척결과 경제 안정을 실천하며 리더십을 인정받았다.

| 국가 부주석 임명(2008년)

2008년 3월, 시진핑은 제11기 전국인민대표대회에서 중국 국가 부주석으로 선출되었다. 부주석은 국가주석의 직속 부하로, 외교 및 기타 중요한 국가 업무를 보조하는 직책이다. 이 시기에 시진핑은 외교 무대에서 중요한 역할을 맡았으며, 특히 국제사회에서 중국의 이미지를 높이고 해외에서의 영향력을 확대하는 데 기여했다.

시진핑은 부주석으로 재임할 때 여러 국가를 방문하며 외교적 경험을 쌓았다. 그는 미국, 일본, 한국, 유럽 등을 포함한 주요 국가들을 순방하며 경제·외교 협력을 논의하고, 중국의 영향력을 강화했다. 이 시기에 쌓은 외교적 경험은 그가 이후 최고 통치자로서 대외 정책을 추진하는 데 중요한 기반이 되었다.

| 중앙군사위원회 부주석 임명(2010년)

2010년 10월, 시진핑은 중앙군사위원회 부주석으로 임명되었다.

중국의 군 통수권은 당의 통치자에게 집중되는데, 중앙군사위원회는 군사 정책을 결정하고 군을 통제하는 중요한 기구다. 시진핑이 부주석으로 임명됨으로써 그는 당과 국가뿐만 아니라 군사적 권력까지 손에 넣게 되었고, 이는 그가 중국의 차기 최고 통치자로 부상하는 데 결정적인 역할을 했다.

시진핑은 중앙군사위원회에서 활동하면서 군의 현대화를 강조했다. 그는 중국 인민해방군의 전문성과 군사력을 강화하고, 중국의 국방력을 강화하기 위한 다양한 개혁을 지지했다. 이러한 노력은 이후 그의 집권 기간에 중국이 군사 강국으로 부상하는 데 중요한 역할을 했다.

| 후진타오의 후계자로 낙점(2010-2012)

시진핑은 2010년대 초반부터 후진타오의 후계자로 지목되었다. 2011년경부터 그는 중국 내에서 정치적으로 점차 중요한 역할을 맡게 되었고, 당 내에서도 그가 차기 통치자가 될 것이라는 예상이 확산되었다. 시진핑은 후진타오로부터 점진적으로 권력을 이양받으며, 차기 통치자로서의 입지를 다졌다.

이 시기에 시진핑은 중국의 여러 중요한 정책과 현안에 관여하며 자신의 통치 철학과 비전을 구체화했다. 그는 '중국몽(中國夢)'이라는 개념을 통해 중국의 민족적 부흥과 강국 건설을 위한 목표를 제시하기 시작했다. 이 개념은 그가 국가주석이 된 후에도 중요한 국가 비전으로 자리 잡았다.

| 정치적 업적과 영향력(2007-2012)

시진핑은 지방에서부터 정치적 경력을 쌓으며 일관되게 반부패 운동을 강조해 왔다. 중앙 정치 무대에서도 그는 당과 국가 내에서 부패 문제를 해결하는 데 중점을 두었고, 이를 통해 당 내에서 자신을 깨끗하고 강력한 통치자로 부각했다. 부패 척결에 대한 그의 확고한 입장은 이후 집권기에 더 강력한 반부패 운동으로 이어졌다.

시진핑은 경제성장과 안정을 강조하며, 후진타오 정권의 경제 정책을 지지하고 이를 확대했다. 그는 중국의 지속적인 경제 발전을 위해 대외 교류와 무역 확대를 지지했으며, 지방에서 쌓은 경제 관리로서의 경험을 중앙에서도 충분히 활용했다.

이 시기에 시진핑은 중국 내 사회적 안정과 질서를 중시했다. 그는 공산당의 통제력을 유지하면서도, 경제 발전과 사회 안정을 조화롭게 이루려는 노력을 기울였다. 또한 그는 농민과 노동자 계층의 권리를 보호하는 정책을 추진하는 데 관심을 보였다.

| 2012년 당 총서기로 선출

2012년 11월, 시진핑은 중국 공산당 제18차 전국대표대회에서 중국 공산당 총서기로 선출되었으며, 중국의 최고 통치자가 되었다. 이는 그가 중국 국가주석직에 오르는 공식적인 준비 단계였으며, 그는 당, 군, 국가를 모두 통제하는 실질적인 권력을 장악하게 되었다.

시진핑은 2012년 당과 군사, 국가 기구 내에서 권력을 집중시키기 위한 준비를 시작했다. 이후 그는 중앙의 권한을 강화하고, 권력 집중화와 국가 발전 전략을 통해 중국의 새로운 리더십을 구축할 준비를 갖췄다.

2012년 미국 국무부에서 연설하는 시진핑.
뒤에 보이는 이들은 힐러리 클린턴 국무장관과 조 바이든 부통령

2007년부터 2012년까지 시진핑은 중앙 정치 무대에서 중요한 직책을 맡으며 차기 통치자로서의 입지를 확립했다. 그는 정치국 상무위원, 국가 부주석, 중앙군사위원회 부주석으로서 당, 국가, 군을 아우르는 권력을 장악해갔고, 반부패 운동, 경제성장, 사회적 안정 유지 등에서 큰 성과를 거두었다. 2012년 당 총서기에 선출되면서 그는 중국의 최고 통치자로서의 길을 확고히 다졌다.

Chapter 4

최고 통치자로 등극
(2012~현재)

시진핑은 2012년 중국 공산당 총서기로 선출되며 중국의 최고 통치자로 등극한 이후, 다양한 분야에서 강력한 리더십을 발휘해 왔다. 그의 통치 아래 중국은 국내적으로는 중앙권력 강화와 반부패 운동, 경제 개혁을 추진했고, 대외적으로는 중국의 국제적 영향력 확대를 도모했다. 시진핑이 2012년부터 현재까지 이룬 주요 업적들을 살펴보면 다음과 같다.

❘ 반부패 운동

시진핑의 집권 초기에 가장 두드러진 정책 중의 하나는 부패 척결이었다. 그는 "호랑이와 파리를 모두 잡는다"라는 슬로건을 내걸고 고위층과 일반 관리들의 부패를 철저히 단속했다. 이는 중앙권력의 통제력을 강화하고, 당의 위신을 높이는 데 중요한 역할을 했다.

시진핑의 반부패 운동은 중국 공산당 내에서도 가장 강력하게 추진된 정책 중의 하나로, 그 과정에서 수많은 고위 관리가 체포되거나 처벌받았다. 대표적으로 저우융캉(전 정치국 상무위원 겸 공안부장), 링지화(후진타오의 비서실장), 쉬차이허우(중앙군사위원회 부주석) 등이 부패 혐의로 처벌받았다.

반부패 운동은 시진핑이 공산당 내부에서 자신의 정치적 경쟁자들을 제거하고, 권력을 더욱 집중시키는 수단으로 작용했다. 동시에 당 내 기강을 다잡고, 당의 신뢰를 회복하는 데 기여했다.

▎권력 집중화와 개헌

시진핑은 2018년 중국 헌법 개정을 통해 주석직의 2연임 제한 규정을 폐지했다. 이로 인해 그는 3연임을 할 수 있게 되었으며, 종신 집권의 가능성을 열어두었다. 이 개헌은 시진핑이 강력한 리더십을 지속적으로 유지하고 중국의 미래 방향을 안정적으로 이끌겠다는 의지를 보여주는 사건이었다. 시진핑은 집권 이후 당과 정부, 군을 아우르는 권력을 집중시켰다. 그는 당 내의 최고 통치 기구인 정치국 상무위원회의 역할을 강화하고, 중앙의 결정권을 더욱 강화했다. 또한 '중앙전면심화개혁영도소조'를 신설해 개혁 정책을 직접 주도하며, 국가의 주요 현안을 통제했다.

2017년 중국 공산당 제19차 전국대표대회에서는 시진핑의 통치 철학인 '시진핑 신시대 중국 특색 사회주의 사상'이 당장에 삽입되었다.

이는 마오쩌둥, 덩샤오핑 이후 중국에서 중요한 통치자의 사상이 공식적으로 당장에 추가된 역사적인 사건으로, 시진핑의 리더십을 역사적으로 공고히 하는 상징적 조치였다.

| 경제 개혁 및 발전

시진핑은 세계 경제의 불확실성에 대응하여 중국 경제의 지속 가능한 성장을 목표로 '쌍순환' 전략을 추진했다. 이 전략은 내수를 강화하고, 대외 무역과 투자에도 의존하는 '국내 국제 이중 순환'을 뜻한다. 이를 통해 중국 경제의 안정성을 유지하고, 세계 경제에서의 위치를 강화하려는 의도였다.

시진핑은 중국을 제조업 강국으로 도약시키기 위해 2015년 '중국 제조 2025' 계획을 발표했다. 이 계획은 첨단 기술 산업을 육성하고, 제조업의 질적 향상을 목표로 하는 것으로, 반도체, 인공지능(AI), 로봇 공학, 친환경 에너지 등 다양한 산업에서 중국의 경쟁력을 강화하려는 전략이었다.

시진핑은 농촌 빈곤 퇴치를 중요한 정책 목표로 삼았으며, 2020년까지 1억 명 이상의 빈곤층을 중산층에 진입시키는 목표를 달성했다. 이로써 중국은 시진핑 집권 시기에 공식적으로 "절대 빈곤을 해소했다"라고 선언할 수 있었다. 이는 그가 내세운 '샤오캉 사회(전면적 중산층 사회)' 달성의 주요 업적으로 평가받는다.

∣ 대외 정책과 국제적 영향력 확대

일대일로(一帶一路, Belt and Road Initiative)는 시진핑의 대표적인 외교 정책 중 하나로 2013년에 시작된 구상이다. 이 구상은 아시아, 유럽, 아프리카를 연결하는 경제회랑을 구축하여 중국의 경제적 영향력을 확대하고, 교통, 에너지, 통신 등의 인프라를 강화하는 프로젝트다. 이를 통해 중국은 세계 각국과의 경제적 협력을 강화하고, 글로벌 리더로서의 입지를 다졌다.

시진핑은 군사 현대화에 박차를 가하며, 중국의 군사력을 강화했다. 특히 2027년까지 세계 최강의 군사력을 목표로 하는 계획을 수립하고, 인민해방군의 훈련과 무기체계를 현대화했다. 이러한 군사력 증강은 미국과의 경쟁에서 중국의 국방력 강화에 중점을 둔 것이며, 남중국해 문제와 대만 문제 등에서 중국의 국익을 지키기 위한 준비로 해석된다.

시진핑은 집권 기간에 미국과의 무역 전쟁, 기술 경쟁, 외교적 갈등 등 다양한 도전에 직면했다. 특히 트럼프 행정부 시기에는 미중 관계가 긴장 국면으로 접어들었지만, 시진핑은 이를 통해 자국 내의 기술 자립 및 경제 독립을 추진하는 계기로 삼았다. 또한 유럽, 아프리카, 아시아 국가들과의 외교 협력도 강화해 다자외교 무대에서 중국의 영향력을 넓혔다.

∣ 중국 사회의 안정과 정치적 통제의 강화

시진핑은 집권 이후 인터넷, 미디어, 사회 전반에 대한 통제를 강화했다. 그는 중국 공산당의 절대적인 지배력을 유지하기 위해 검열 시스템을 확장하고, 공산당에 대한 비판을 억제하는 강력한 정책을 시행했다. 특히 신장위구르자치구에서의 인권 문제와 홍콩의 국가보안법 제정은 국제사회에서 많은 논란을 불러일으켰다.

2021년부터 시진핑은 '공동 부유'를 강조하며, 사회적 불평등을 해소하고 소득 분배의 균형을 맞추는 정책을 추진했다. 이를 통해 부의 집중을 억제하고, 더 많은 사람이 경제적 혜택을 누릴 수 있도록 하는 것이 목표였다. 그러나 이 과정에서 중국의 대형 IT 기업 및 부유층을 겨냥한 규제 정책이 강화되어 경제적 변화를 이끌었다.

| 코로나19 팬데믹 대응

시진핑은 2020년 발생한 코로나19 팬데믹에 대해 강력한 방역 정책을 펼쳤다. 그는 '제로 코로나' 정책을 내세워 도시 봉쇄, 대규모 검진, 이동 제한 등의 조치를 했고, 이를 통해 중국 내 확산을 상당히 억제하는 데 성공했다. 하지만 이러한 강력한 통제 정책은 경제적 손실과 사회적 불안으로 이어졌고, 장기적인 방역 전략에 대한 논란도 일어났다.

시진핑 정부는 자체 백신을 개발하고 이를 여러 국가에 제공함으로써 '백신 외교'를 펼쳤다. 중국은 이를 글로벌 보건 위기 속에서 국제적 리더십을 강화하는 기회로 삼았으며, 개발도상국과의 외교 관계를 강화하는 데 기여했다.

시진핑은 2012년 최고 통치자로 등극한 이후 강력한 리더십을 바탕으로 반부패 운동, 경제 개혁, 군사력 강화, 대외적 영향력 확대 등을 실현했다. 그는 '중국몽'을 통해 국가 부흥과 강국 건설을 목표로 하였으며, 특히 국제사회에서 중국의 입지를 강화하는 데 주력했다. 권력 집중화와 통제를 강화하는 동시에, 빈곤 문제, 경제, 외교 등 다양한 분야에서 성과를 거둔 시진핑의 리더십은 중국의 미래를 결정하는 데 큰 영향을 주고 있다.

PART 2

시진핑 통치시대의 특징

Chapter 1

권력 집중화와 장기 집권

시진핑의 권력 집중화와 장기 집권 가능성은 현대 중국 정치의 중요한 특징 중 하나이며, 중국 내외에 큰 영향을 미쳤다. 시진핑은 2012년 중국 공산당 총서기직에 오르고, 2013년에 주석직을 맡은 이후 권력을 지속적으로 집중시켜 왔다. 그가 장기 집권의 길을 열면서 중국의 정치적 방향과 사회 구조는 크게 변화하고 있으며, 그 영향은 다음과 같은 여러 측면에서 분석될 수 있다.

┃ 권력 집중화

시진핑은 중국 공산당의 권력 구조를 중앙으로 집중시키고, 자신의 통치력을 강화하는 데 주력했다. 정치국 상무위원회와 당 중앙기구에 대한 지배력을 높였으며, 중앙 전면 심화 개혁 영도소조와 같은 기구를 신설해 국가의 정책 결정에 직접 관여했다. 이러한 구조적 변화는 국가의 주요 정책이 시진핑의 의지에 따라 결정되도록 만들었으며, 권력의 개인화를 촉진했다.

시진핑은 국가의 군사와 보안 기구에 대한 통제력을 강화했다. 인민해방군에 대한 대대적인 개혁을 통해 군을 현대화하고, 자신의 정치적 지지 기반으로 활용했다. 또한 중국 내 치안과 정보기관에 대한 통제를 통해 잠재적인 위협 요소를 억제하며 자신의 권력 기반을 더욱 강화했다.

시진핑은 반부패 운동을 통해 권력 집중을 더욱 확고히 했다. 그는 부패 척결을 명목으로 자신의 정치적 경쟁자들을 제거하고, 당 내부에서 반대파를 제거하는 데 이 운동을 활용했다. 많은 고위 공직자가 부패 혐의로 처벌되었으며, 이는 시진핑의 통치력에 대한 도전을 억제하고, 그의 권력 집중에 기여했다.

▎장기 집권 가능성

2018년 중국은 국가주석의 임기 제한을 철폐하는 헌법 개정을 통과시켰다. 이는 시진핑이 두 차례의 주석 임기가 끝난 후에도 계속 집권할 수 있는 길을 열어주었으며, 종신 집권의 가능성을 열어두었다. 이 개헌은 덩샤오핑 이후 유지되었던 통치자 교체의 규범을 깨뜨린 사건으로 평가된다.

장기 집권은 시진핑이 중국의 정치적·경제적·사회적 과제를 해결하는 데 지속성을 유지할 수 있는 기반을 마련해 준다. 이는 특히 '중국몽(中國夢)' 실현, 중국의 강대국으로의 부상, 경제적 재도약, 대외적인 갈등에서의 전략적 대응을 안정적으로 추진할 수 있도록 해주었다.

장기 집권은 권력의 안정성을 제공하는 동시에, 중국 내외에서 정치적 불안 요인으로 작용할 수도 있다. 권력 집중은 다양한 정치적 견해를 억압하고, 정책 결정 과정에서 혁신을 저해할 위험이 있다. 또한 시진핑 개인에 대한 권력 집중이 지속될수록 정치적 견제와 균형이 악화할 가능성도 커진다.

| 중국 내부의 영향

시진핑의 권력 집중화는 공산당 내에서 정치적 다양성과 논의의 여지를 줄였다. 이제 중국 내에서 정치적 반대 세력은 거의 존재하지 않으며, 당 내에서 시진핑의 정책에 대한 공개적인 비판은 거의 찾아볼 수 없다. 이에는 국가 정책의 일관성을 유지할 수 있다는 장점도 있지만, 정책 실패에 대한 책임 소재가 모호해지거나 정책 변화의 유연성이 줄어든다는 단점도 존재한다.

시진핑은 권력 집중화와 함께 중국 사회에 대한 통제력을 강화해 왔다. 그는 인터넷 검열과 미디어 통제, 인권 단체들에 대한 엄격한 제재를 통해 사회 불안을 억제하고 있다. 신장과 홍콩에서의 강력한 통제 정책은 사회 안정성을 유지하려는 시도지만, 동시에 인권 침해 문제를 야기하고 국제적 비난을 불러일으켰다.

시진핑은 자신의 정치 철학인 '시진핑 신시대 중국 특색 사회주의 사상'을 중국 공산당 이념으로 공식화했다. 이는 중국의 정치 체제를 더욱 공고히 하며, 시진핑 체제의 정당성을 이론적으로 뒷받침하는 중요한 요소다. 이 사상은 중국의 공산당 통치를 강화하고, 시진핑의 장기 집권을 정당화하는 이념적 기반이 된다.

| 중국 외부의 영향

시진핑의 장기 집권 가능성은 중국의 대외 정책에도 일관성을 제공하였다. '일대일로' 구상, 미국과의 경쟁, 군사력 강화 등 시진핑이 추진하는 외교 정책이 지속되고 있으며, 이는 중국의 글로벌 영향력을 확장하는 데 중요한 역할을 할 것이다. 시진핑의 리더십하에서 중국은 다자외교를 강화하고, 미국을 비롯한 서방 국가들과의 패권 경쟁에서 주도권을 유지하려는 전략을 지속할 가능성이 크다.

시진핑의 장기 집권은 미중 관계에서도 중요한 변수가 되고 있다. 미국과 중국은 정치·경제·기술·군사적 측면에서 경쟁하고 있으며, 시진핑의 강력한 리더십은 이 경쟁을 가속할 수 있다. 미국은 시진핑의 장기 집권을 중국의 독재적 성향이 강화되는 신호로 보고 있으며, 양국 간의 긴장은 더욱 고조될 가능성이 있다.

시진핑의 장기 집권은 일부 국가들 사이에서 중국의 정치 체제에 대한 불신을 키우고 있다. 민주주의 국가들은 시진핑의 장기 집권을 중국의 정치적 후퇴로 인식할 수 있으며, 이 때문에 중국과의 관계에서 갈등이 더욱 심화될 수 있다. 특히, 인권 문제와 정치적 자유 억압이 국제적으로 비판받고 있는 상황에서, 시진핑의 권력 집중은 중국에 대한 국제적 비난을 더욱 증폭시킬 가능성이 있다.

| 중국의 장기적 방향

시진핑 체제에서 중국은 지속 가능한 경제성장을 위한 다양한 개혁을 추진하고 있다. 장기 집권은 시진핑이 이러한 개혁을 일관되게 추진할 수 있는 기회를 제공하며, 중국의 경제적 재도약을 위한 중요한 기반이 될 수 있다. 그러나 권력 집중화로 인해 시장의 유연성이나 혁신이 저해될 가능성도 있다.

시진핑의 장기 집권은 중국의 군사력을 지속적으로 강화하는 데 중요한 요소다. 그는 2027년까지 세계 최강의 군대를 만들겠다는 목표를 제시했으며, 이를 위해 인민해방군의 현대화에 많은 투자를 하고 있다. 이러한 군사력 강화는 미국과의 군사적 경쟁을 격화시킬 뿐 아니라 대만 문제, 남중국해 영유권 문제 등에서 중국의 입지를 강화하는 데 기여할 것이다.

시진핑의 권력 집중화와 장기 집권 가능성은 중국 내외에 큰 영향을 미치고 있다. 그의 통치는 중국의 정치적 안정성과 정책 일관성을 제공하는 동시에, 권력 집중으로 인한 위험 요소를 내포하고 있다. 시진핑 체제의 장기 지속 여부에 따라 중국의 미래 방향이 결정될 것이며, 중국은 정치, 경제, 군사, 사회 전반에서 시진핑의 리더십 아래 더욱 중앙집중적이고 강력한 체제를 유지할 가능성이 크다. 그러나 동시에, 국제적 갈등과 내부 통제의 강화에 따른 긴장도 지속될 것이다.

Chapter 2

총체적 국가안보관

시진핑의 총체적 국가안보관(Holistic National Security Concept)은 그가 집권한 이후 중국의 안보 정책을 이해하는 중요한 틀로 자리 잡았다. 총체적 국가안보관은 국가안보의 핵심적 도전과 위협에 대응하고 국가안보 이익을 수호하며 국가안보 목표를 달성하기 위해 구체적인 역사적 조건에서 자원과 힘의 모든 측면을 종합적으로 활용하기 위한 국가의 전반적인 계획과 총체적 개념을 말한다. 이 개념은 전통적인 군사안보를 넘어 다양한 분야의 안보를 통합적으로 고려하는 접근 방식을 반영하고 있다.

| 수립 배경

총체적 국가안보관의 수립 배경은 여러 가지 요소가 복합적으로 작용한 결과다. 시진핑은 2012년 집권 이후, 중국의 안보 환경 변화와 국내외의 복잡한 도전에 대응하기 위해 총체적 국가안보관을 제안했다. 총체적 국가안보관이 수립된 배경과 특징을 살펴보면 다음과 같다.

중국의 국토 안보 위협 증가

시진핑 체제하의 중국은 사회가 급속하게 발전하는 과정에서 여러 측면에서 큰 성과를 거두었지만, 새로운 도전과 위협도 많이 있었다. 글로벌 정치와 경제의 불확실성이 증가하면서, 테러리즘, 사이버 공격, 자연재해 등 다양한 형태의 비전통적 위협이 부각되었다. 이러한 변화는 전통적인 군사적 안보 개념만으로는 충분히 대응할 수 없다는 인식을 초래했다.

또한 남중국해, 동중국해와 같은 지역에서의 영토 분쟁과 미중 간의 군사적 긴장이 고조되면서, 중국은 자국을 방어하고 지역 안정을 유지하기 위한 새로운 안보 전략이 필요하다고 판단했다.

중국의 경제적 위협

글로벌 경제의 상호 연결성이 심화되면서, 경제적 안보의 중요성이 커졌다. 중국은 자국의 경제적 독립성과 지속 가능한 발전을 보장하기 위해 총체적 국가안보관을 통해 경제적 위협에 대응하고자 했다. 또한 에너지 자원과 원자재의 안정적 확보가 국가 발전의 기초로 여겨지면서, 이러한 자원 공급망 보호를 위한 안보 정책이 필요했다.

내부 도전 요인

내부의 정치적 불만과 사회적 불안 요소가 존재했다. 이는 경제성장의 둔화, 불평등 문제, 환경 오염 등으로 인해 발생한 사회적 갈등을 포함한다. 시진핑 정부에는 이러한 내부 문제를 해결하고 사회적 안정을 확보하기 위해 더욱 포괄적인 국가안보 전략이 필요했다. 또한 정치적 신뢰와 안정성을 강화하기 위한 반부패 운동이 진행되었으며, 이 과정에서 국가안보와 관련한 신뢰 관계 구축이 중요시되었다.

정책의 연속성

시진핑 체제 이전에도 중국은 '안보는 생명이다'라는 관점을 바탕으로 한 안보 정책을 추진해 왔다. 그러나 시진핑 시대에 들어서면서 이러한 정책이 더욱 포괄적이고 체계적으로 발전하게 되었다. 2014년 4월에 발표된 '중국 특색의 사회주의 국가안보 전략'은 이러한 흐름의 하나로 볼 수 있다. 또한 시진핑의 개인적 리더십 아래에서 국가안보를 강화하고 정치적 안정성을 확보하는 전략이 추진되었다. 이를 통해 중앙 집중적인 통치 구조가 강화되었고, 국가안보가 국가 정책의 중심으로 자리 잡게 되었다.

글로벌 차원의 도전

미중 간의 전략적 경쟁이 격화되면서 중국에는 자국의 안보를 강화하고 국제적 위상을 높이기 위한 전략이 필요했다. 이 과정에서 총체적 국가안보관은 중국이 국제 무대에서의 입지를 강화하는 도구로 작용하였다.

중국은 기존의 국제 질서에 도전하면서, 새로운 글로벌 질서를 정립하고 이에 대한 자국의 목소리를 내기 위해 보다 통합적인 안보 접근이 필요하다고 판단했다.

| 총체적 국가안보관의 수립 과정

총체적 국가안보관의 수립은 시진핑의 리더십하에서 여러 단계와 중요한 사건들을 통해 이루어졌다. 이 과정은 국내외의 변화에 대응하기 위한 체계적인 접근으로서, 다양한 분야의 안보를 통합적으로 고려하는 방향으로 발전해 왔다.

시진핑은 2012년 국가주석으로 취임하면서, 중국의 국가안보 개념에 새롭게 접근해야 한다고 인식했다. 이로써 전통적 군사적 안보를 넘어서 다양한 안보 요소를 포괄하는 전략이 필요하였다. 또한 글로벌 및 지역적 안보 환경의 복잡성 증가에 대한 인식이 확산되었으며, 이는 테러, 사이버 공격, 환경 문제 등 다양한 위협을 포함했다.

2013년 11월에 중국의 국가안보 컨트롤 타워로서 신설된 중앙국가안전위원회(Central National Security Commission, CNSC)를 신설하여 국가안보에 대한 중앙 집중적인 관리 체계를 구축했다. 이 위원회는 국가안보 정책을 수립하고 조정하는 역할을 맡았다. 중앙 국가안전위원회는 국가안보 전략을 개발하기 위한 다양한 회의를 주관하고, 정부 내의 여러 부처와 협력하여 통합적인 안보 접근 방안을 마련했다.

또한 실무가 아닌 안보 관련 업무의 조정 및 협력, 전략 수립에 기능이 집중될 것으로 평가된다. 이러한 중앙국안위의 신설에 사상적 기초가 된 시진핑 정권의 '총체 국가안보관'은 기존의 국가안보관과 비교했을 때 다음과 같은 특징을 보이고 있다. 첫째, 국가안보관이 주목하는 안보 영역이 더욱 확대됐고 둘째, 내부로부터의 안보위협에 경계심을 나타내고 있으며 셋째, 최근 벌어지고 있는 안보 문제의 복합성에 주목하며 안보 관련 각 영역 간의 유기적 협조를 강조하고 있다. 넷째, 국가안보의 중요성에 대한 인식이 더욱 강화됐으며 다섯째, 국가안보의 개념을 한층 체계화하고 있다. 이에 따라 앞으로 중국 국내에서는 국가안보의 중요성이 더욱 강조될 것이고, 시진핑이 이러한 국가안보 문제를 직접 관장함으로써 시진핑으로의 권력 집중 현상이 가속될 것으로 보인다.

2014년에 '중국 특색의 사회주의 국가안전 전략'이 발표되면서 총체적 국가안보관의 기초가 마련되었다. 이 문서는 국가안보의 정의와 범위를 명확히 하고, 경제, 정치, 사회, 문화, 군사, 외교 등 여러 분야의 안보를 통합적으로 다루겠다는 의지를 나타냈다.

2015년 『국방과 군대 건설에 관한 백서』에서는 군 현대화와 함께 총체적 국가안보관의 필요성을 강조하며, 군사적 측면에서의 접근도 강화되었다.

이로써 총체적 국가안보관은 정치적·군사적·경제적·사회적·문화적·환경적·정보적 안보를 모두 포함하는 포괄적인 접근을 제안했다. 이를 통해 각 분야 간의 상호작용과 연관성을 강조하며, 안보 관리의 체계성을 강화하고자 했다. 총체적 국가안보관은 지속 가능한 발전 목표와 연계되어, 경제적 안보와 환경적 안보 간에 균형을 이루려고 노력했다.

| 총체적 국가안보관의 특징

총체적 국가안보관은 현대의 복잡한 안보 환경에 대응하기 위해 중국 정부가 채택한 포괄적이고 통합적인 접근 방식이다. 이 개념은 단순히 군사적 안보를 넘어서 다양한 차원의 안보를 아우르는 특징을 지니고 있다. 다음은 총체적 국가안보관의 주요 특징이다.

다차원적 접근

총체적 국가안보관은 군사적 안보뿐만 아니라 정치적·경제적·사회적·문화적·환경적 안보를 포함하여, 각 요소 간의 상호작용과 의존성을 강조한다. 이를 통해 다양한 위협에 대한 포괄적인 대응 방안을 마련하려고 한다.

안전과 발전의 통합

국가의 안전은 지속 가능한 발전과 밀접하게 연결되어 있다는 인식을 기반으로 한다. 따라서 경제적 안정과 사회적 안전을 확보하기 위한 전략을 통해 국가의 장기적인 발전을 도모한다.

비전통적 안보의 포함

테러, 사이버 공격, 환경 문제, 건강 위기 등 비전통적 안보 위협에 대한 인식을 높이며, 이러한 문제를 관리하기 위한 정책과 전략을 수립한다. 이는 현대 사회에서 안보 개념이 더욱 확장되었음을 보여준다.

국가와 사회의 통합적 보호

총체적 국가안보관은 국가 차원뿐만 아니라 사회의 안정과 안전을 강조한다. 이를 통해 국민의 안전과 복지를 보장하고, 사회적 갈등을 예방하는 데 중점을 둔다.

강력한 중앙집권적 통제

중앙 정부의 강력한 통제와 정치적 안정성을 보장하는 것을 핵심으로 삼는다. 이는 정보 통제, 반부패 운동 등 정치적 요소를 강화하여 국가의 안정성을 유지하려는 노력을 포함한다.

국제적 협력의 강조

국제적 차원에서도 안보 문제에 대한 협력을 강조하며, 다른 국가와의 협력을 통해 지역 및 글로벌 안보 문제에 공동으로 대응할 수 있는 틀을 마련한다. 이는 '일대일로'와 같은 외교적 노력을 통해 구체화된다.

포괄적 정책 개발 및 시행

다양한 분야의 안보를 통합적으로 고려하여 종합적인 정책을 개발하고 시행한다. 이를 통해 안보 문제에 체계적이고 일관되게 대응할 수 있게 된다.

정보와 사이버 안보의 중요성

정보 보안과 사이버 안보의 중요성이 강조되며, 디지털시대의 안보 위협에 대한 대응 방안을 마련한다. 이는 정보의 보호와 국가안보의 연계를 중시한다.

총체적 국가안보관은 현대의 복잡한 안보 환경에 대한 체계적이고 포괄적인 접근을 통해 국가의 지속 가능한 발전과 안정성을 보장하고자 하는 전략적 노력을 반영하고 있다. 이 개념은 다양한 분야의 안보 요소를 통합하여 국가가 직면한 다양한 위협에 효과적으로 대응하는 데 중요한 역할을 한다.

반부패 운동과 기강 확립

시진핑의 반부패 운동과 기강 확립은 그의 집권 이후 중국의 정치적 풍토를 바꿔놓은 핵심적인 정책 중 하나다. 시진핑은 2012년 중국공산당 총서기에 취임한 이후 대대적인 반부패 운동을 전개하면서 당 내부의 기강을 바로잡고, 자신의 권력을 공고히 했다. 이 운동은 중국공산당의 통치 정당성을 강화하는 데 중요한 역할을 했으며, 동시에 시진핑 체제하에서 권력 투쟁의 수단으로도 기능했다.

| 반부패 운동의 배경과 목적

시진핑이 집권하기 전, 중국의 부정부패 문제는 매우 심각했다. 특히, 지방정부 관료들과 고위층 간의 유착관계와 부정행위는 공산당 통치의 정당성에 심각한 위협이 되었다. 부패는 경제성장과 사회적 불평등을 초래하고, 국민의 신뢰도를 크게 저하시켰다.

시진핑은 집권 초기부터 공산당의 기강을 확립하고 당의 위신을 되찾는 것을 주요 목표로 내세웠다. 그는 부패 척결을 통해 당 내부의 기강을 바로잡고, 공산당이 국민의 신뢰를 회복하도록 노력했다. 이를 통해 공산당의 장기적인 통치를 정당화하고, 사회 안정성을 확보하고자 했다.

반부패 운동은 시진핑에게 정치적 경쟁자를 제거하고, 자신의 권력을 강화하는 도구로도 활용되었다. 특히, 당 내 다른 파벌이나 그의 권력 기반에 도전하는 세력을 반부패 운동을 통해 제압하고, 자신의 정치적 지지 기반을 다지는 데 크게 기여했다.

▎반부패 운동의 실행 과정

"'호랑이'와 '파리'를 모두 잡는다." 시진핑은 '호랑이(일반 간부)'와 '파리(하위 간부)'를 모두 척결하겠다는 목표를 내세우며 부패와의 전쟁을 선포했다. 이는 중국 내 각계각층의 부패를 대상으로 했으며, 고위층부터 말단 관료들까지 모두 엄정한 조사를 받게 되었다.

시진핑의 반부패 운동은 중앙기율검사위원회(중기위)를 통해 집행되었다. 중기위는 공산당 내에서 당 기강을 감시하고, 부패를 조사하는 역할을 하는 기관으로, 시진핑의 지휘 아래 이 기구는 막강한 권력을 갖게 되었다. 중기위는 국가 기구와 별개로, 독립적인 권한을 통해 부패 조사와 처벌을 집행하며, 많은 고위 관료를 숙청하는 역할을 했다.

2012년에 시작된 반부패 운동은 많은 고위 관료가 구속되거나 처벌받는 결과를 불러왔다. 대표적인 예로, 전 정치국 상무위원이자 정법위원회를 이끌었던 저우융캉이 부패 혐의로 체포되어 종신형을 선고받은 사건은 시진핑의 반부패 운동이 권력의 정점에 있는 인물들까지 겨냥한 것이었음을 상징적으로 보여준다. 저우융캉 외에도 고위 관료, 군 고위직, 국영 기업의 고위층 인사 등 수많은 인물이 반부패 조사의 대상이 되었으며, 이는 시진핑의 권력 강화를 뒷받침하는 중요한 기제로 작용했다.

시진핑의 반부패 운동은 당 내부뿐만 아니라 군부, 국영 기업, 지방정부까지 광범위하게 확산되었다. 부패 혐의를 받은 고위직들은 정부 기관의 관료뿐만 아니라, 군의 고위 장성들과 경제 권력자들도 포함되어 있었으며, 이는 시진핑이 모든 계층의 부패를 겨냥하고 있음을 보여주었다.

▎기강 확립과 당 내부의 정화

시진핑은 반부패 운동을 통해 당의 기강을 강화하고, 공산당원들에게 엄격한 기준을 제시했다. 그는 당원들에게 '자기 정화'와 '자기 혁신'을 강조하며, 당의 권력 기구가 더욱 청렴하고 효율적으로 운영될 수 있도록 기강을 확립하려고 했다. 이를 통해 공산당의 통치 기반을 공고히 하고, 국가 정책의 신뢰성을 회복하려 했다.

시진핑은 당 기강을 확립하기 위해 공무원과 당원들이 지켜야 할 엄격한 규율을 담은 '8항 규정(八項規定)'을 도입했다. 이 규정은 공직자들이 사치스러운 생활을 하지 않고 검소하고 청렴한 자세를 유지할 것을 요구하며, 정부와 당 내에서 낭비와 부패를 억제하는 데 기여했다. 고위 공직자들이 사적인 이익을 위해 권력을 남용하는 것을 방지하려는 조치로, 이는 반부패 운동과 함께 기강 확립의 중요한 방안이었다. 구체적으로는 공무원들의 차량 간소화, 접대 간소화, 연회 간소화, 회의시간 단축, 수행 인원 축소 등이다.

| 반부패 운동의 성과와 영향

부패 척결을 통한 통치 정당성 강화로 시진핑의 반부패 운동이 공산당의 부패 문제에 진지하게 대응하고 있다는 인상을 국민에게 심어주었다. 이를 통해 공산당의 통치 정당성이 강화되었고, 당의 권위가 회복되었다. 시진핑 체제는 이 운동을 통해 사회적 지지를 확대했으며, 공산당이 지속적으로 국가를 이끌어갈 수 있는 기반을 마련했다.

반부패 운동은 시진핑의 권력 집중화에도 기여했다. 그는 부패를 구실 삼아 당 내 정치적 경쟁자들을 제거하며 자신의 입지를 강화했고, 중앙의 권력 구조를 더욱 견고하게 만들었다. 시진핑은 당과 정부, 군대, 경제 부문에 이르기까지 모든 주요 기구에서 자신의 영향력을 확대하며 장기 집권의 기반을 마련했다.

반부패 운동은 정치적 통제를 강화하는 수단으로도 작용했다. 공산당과 정부 내에서는 반부패 운동을 계기로 정치적 반대파가 사라졌고, 정책 결정 과정에서 시진핑의 지휘 아래 일관된 방향성이 유지되었다. 이는 중국 사회에 안정성을 제공하는 동시에, 권위주의적 통치 방식을 더욱 강화하는 결과를 낳았다.

| 반부패 운동에 대한 비판과 한계

시진핑의 반부패 운동이 실제로 부패 척결을 목표로 한 것이었지만, 동시에 정치적 경쟁자를 제거하기 위한 수단으로 사용되었다는 비판도 존재한다. 반부패 운동이 권력 투쟁의 도구로 변질되면서, 시진핑의 정적들이 숙청당하고, 당 내의 다양한 견해를 허용하지 않는 정치적 환경이 조성되었다.

시진핑의 반부패 운동은 많은 성과를 냈지만, 중국 내 부패 문제의 구조적 요인을 근본적으로 해결하지는 못했다. 중국의 정치 체제 자체가 당과 국가가 밀접하게 결합된 구조로, 권력 남용의 여지가 여전히 남아 있다는 점에서, 근본적인 정치 개혁 없이는 부패 문제가 완전히 사라지기 어렵다는 지적을 받았다.

반부패 운동은 당 기강을 강화하고 당 내 통제를 강화하는 데 성공했지만, 동시에 중국 내 사상 통제와 표현의 자유에 대한 억압이 강화되었다는 비판도 나온다. 시진핑 체제하에서 언론과 학문, 인터넷 활동에 대한 엄격한 검열이 진행되면서, 중국 내의 비판적 목소리는 더욱 억제되었다.

시진핑의 반부패 운동은 그의 장기 집권과 권력 집중화 과정에서 중요한 역할을 했으며, 앞으로도 이러한 기조는 계속 유지될 가능성이 크다. 시진핑 체제에서 반부패는 공산당의 통치 기반을 유지하는 핵심적인 수단이자, 정치적 안정과 경제적 성과를 뒷받침하는 중요한 요인으로 자리 잡을 것이다.

Chapter 4

사회 통제 및 정치적 안정

시진핑의 사회 통제 및 정치적 안정 전략은 그의 집권 이후 중국 내에서의 정치적 환경과 사회적 동향을 관리하기 위해 채택된 중요한 정책이다. 이는 공산당의 지속적인 통치와 사회적 안정을 확보하는 데 중점을 두고 있으며, 여러 가지 방식으로 구현되고 있다.

| 정치적 통제의 강화

시진핑은 중국 공산당의 중심적 역할을 강조하며, 당의 권위를 강화하는 데 힘썼다. 그는 공산당이 중국 사회의 모든 측면에서 중심적인 역할을 수행해야 한다고 주장하며, 당의 통치를 받지 않는 모든 활동을 억제하려고 했다.

2018년, 시진핑은 중국 헌법을 개정하여 국가주석의 임기 제한을 없애며, 자신의 장기 집권을 위한 법적 기반을 마련했다. 이는 공산당 내부에서의 권력 집중화를 더욱 강화하고, 정치적 반대 세력을 억압하는 데 기여했다.

시진핑 정부는 정치적 반대 세력에 대한 억압을 강화했다. 인권 변호사, 기자, 활동가 등을 대상으로 한 검열과 탄압이 진행되며, 비판적인 목소리를 억누르는 환경이 조성되었다. 이러한 통제는 정치적 불안을 예방하고, 당의 통치 정당성을 확보하는 데 중요한 역할을 한다.

▮ 사회적 통제 메커니즘

시진핑 정부는 중국 전역에 걸쳐 고급 감시 시스템을 구축했다. CCTV 카메라, 생체 인식 기술, 데이터 분석 등을 활용하여 시민들의 일상적인 활동을 모니터링하고, 사회적 질서를 유지하기 위한 수단으로 활용하고 있다. 특히, 신장위구르자치구에서는 대규모 감시와 통제가 이루어져 국제사회의 비난을 받고 있다.

시진핑 정부는 인터넷 검열을 통해 정보의 흐름을 엄격하게 통제하고 있다. 이른바 '그레이트 파이어월'을 통해 외부의 정보가 차단되고, 정부에 불리한 뉴스나 소식은 삭제되거나 검열된다. 이는 정부에 대한 비판적 의견이 퍼지는 것을 방지하고, 사회적 안정을 유지하는 데 기여한다.

시진핑은 중국 사회주의 이념에 대한 교육을 강조하며, 마르크스-레닌주의와 시진핑 사상을 중심으로 한 사상 통제를 강화했다. 교육, 매체, 문화 등 다양한 분야에서 공산당의 이념을 주입하려는 노력이 이루어지고 있으며, 이는 사회적 통합과 정치적 안정성을 확보하는 데 기여하고 있다.

┃ 사회적 안정 유지 전략

시진핑 정부는 경제성장을 통해 국민의 생활 수준을 높이고, 사회적 불만을 완화하려는 노력을 기울였다. 안정적인 경제성장은 국민의 신뢰를 얻는 데 중요한 요인으로 작용하며, 정치적 안정에도 기여하고 있다.

정부는 빈곤 감소, 의료, 교육 등의 분야에서 사회 복지를 강화하는 정책을 추진하여 국민 생활의 향상에 기여하고 있다. 이러한 정책은 사회적 불만을 줄이고, 정부에 대한 신뢰도를 높이는 데 중요한 역할을 한다.

정부는 사회적 불만을 조정하고 관리하기 위해 다양한 채널을 마련하고 있다. 예를 들어, 정부는 시민들의 불만을 수렴하기 위한 핫라인이나 온라인 플랫폼을 운영하고, 지역 사회의 문제를 해결하기 위한 민원 처리 시스템을 구축하는 등 국민의 목소리를 반영하려는 노력을 기울이고 있다.

시진핑의 사회 통제 및 정치적 안정 전략은 중국 공산당의 통치체제를 지속적으로 유지하는 데 필요한 정책으로, 정치적 통제, 사회적 감시, 경제적 성과, 사회 복지 강화 등을 통해 실행되고 있다. 그러나 이러한 통제 정책은 국내외에서 비판을 받고 있으며, 인간의 기본적인 자유와 권리를 제한하는 요인으로 작용할 수 있다. 시진핑 체제의 안정성과 지속 가능성은 앞으로의 정치적·경제적 환경에 따라 영향을 받을 것으로 예상된다.

PART **3**

시진핑 통치시대의
정책

Chapter 1

중국몽(中國夢)

2012년 11월 29일, 시진핑은 처음으로 '중국몽'의 개념을 설명했다. "나는 '중화민족의 위대한 부흥을 실현하는 것'이 곧 중화민족의 근대 이후 가장 위대한 꿈이라 생각한다"라고 말했다. 결국 '중국몽'은 시진 핑이 처음으로 제시한 개념으로, '중국의 꿈' 또는 '중국의 위대한 부흥' 을 의미한다.

시진핑은 평화로운 국제환경을 지지대로 삼고 핵심 이익을 수호하 는 것을 정책의 기본 방침으로 하여 중화민족의 위대한 부흥이라는 '중국몽'을 실현할 것이라는 방침을 밝혔다. 이러한 국가적 목표를 달 성하기 위해 시진핑 체제하의 중국 정부는 일련의 전략적 아이디어를 제시했다. 이는 중국이 경제·군사·문화·정치 분야에서 강대국으로 자 리매김하기 위한 비전을 담고 있다.

중국몽은 시진핑이 2012년 집권 이후 제시한 중국 공산당의 중요한 정치 슬로건이다. 간단히 말해, 중화민족의 위대한 부흥을 꿈꾸는 중국의 국가적 비전이라고 할 수 있다.

중국몽의 핵심 내용은 국가 부강과 민족 진흥을 통해 인민을 행복하게 하자는 것이다. 그 내용을 구체적으로 살펴보면 다음과 같다. 첫째, 국가 부강은 경제성장을 통해 세계적인 강국으로 도약하고, 국제사회에서 중국의 영향력을 확대하는 것을 목표로 한다. 둘째, 민족 진흥은 중화민족의 문화적 자긍심을 높이고, 전통문화를 계승·발전시켜 중국의 소프트파워를 강화하고자 한다. 셋째, 인민 행복은 모든 국민이 행복하고 풍요로운 삶을 누릴 수 있도록 사회주의 체제를 완성하고, 복지 시스템의 확대를 추구한다.

중국몽의 의미는 국내 정치에서는 중국 공산당의 정통성을 강화하고, 국민의 단결을 도모하여 정권의 안정을 추구하며, 대외 관계에서는 일대일로(육상·해상 실크로드) 등 거대한 인프라 건설 프로젝트를 추진하고, 전 세계에 중국의 영향력을 확대하고자 한다. 또한 국제 질서에서는 기존의 국제 질서에 도전하며, 중국 중심의 새로운 국제 질서를 구축하려는 야심을 드러내는 것이었다.

중국몽은 중국 내부뿐만 아니라 국제사회에서도 다양한 평가를 받고 있다. 긍정적인 평가로는 중국의 발전과 국민의 삶의 질 향상에 기여했다는 점, 국제사회의 발전에 기여할 수 있다는 점 등이 있다. 반면, 부정적인 평가로는 다른 국가들과의 갈등을 초래할 수 있다는 점, 민주주의와 인권 문제를 억압할 수 있다는 점 등이 있다.

결론적으로, 중국몽은 중국의 미래를 향한 야심찬 비전이지만, 그 실현 과정에서 다양한 국내외적인 문제와 도전에 직면하고 있다.

'중국몽'은 국가의 발전과 국민의 복지를 동시에 강조하는 정책적 슬로건으로, 다음과 같은 주요 요인으로 구성된다.

▎중국몽의 목표

'중국몽'의 경제적 발전은 시진핑 정부가 설정한 주요 목표 중의 하나로, 중국의 경제적 성장을 지속하고, 국가의 글로벌 경쟁력을 강화하는 것을 포함한다. 시진핑은 '중국몽'을 통해 고속 성장 유지, 경제 구조의 전환, 혁신 촉진, 기술 개발, 내수 시장 확대 등을 강조하며, 지속 가능한 경제성장을 추구하고 있다. 다음은 중국몽의 경제적 발전과 관련한 주요 요소들이다.

첫째, 시진핑 정부는 고속 성장세를 유지하기 위해서 먼저 경제성장률을 지속적으로 유지하려는 노력을 기울이고 있으며, 특히 2020년까지 GDP를 두 배로 늘리겠다는 목표를 세우고 실천하였다. 이는 중국의 중산층 확대와 국민의 생활 수준 향상을 위한 중요한 기반이 되고 있다. 또한 산업 발전을 위하여 제조업 중심의 경제에서 서비스업 및 첨단산업으로의 전환을 촉진하며, 신산업 육성에 주력하고 있다. 특히, 정보통신, 생명과학, 인공지능 등 첨단 기술 산업이 주요 발전 분야로 부각되고 있다.

둘째, 경제 구조 조정을 위해서 중국은 수출 주도형 경제에서 내수 중심의 경제로 전환하려고 다양한 정책을 추진하고 있다. 이는 외부 충격에 대한 대응력을 높이고, 지속 가능한 경제성장을 도모하는 데 중요한 요인으로 작용하고 있다. 그리고 서비스업의 비중을 높이고, 고용 창출을 통해 경제의 다양성을 강화하는 전략을 채택하고 있다. 이는 또한 도시화와 함께 진행되는 과정으로, 도시의 소비 시장 확대에 기여하고 있다.

셋째, 시진핑 정부는 혁신과 기술 개발을 위해서 경제성장의 원동력으로 혁신을 강조하고 있으며, 연구개발(R&D) 투자 확대를 통해 기술적 경쟁력을 강화하고 있다. 이는 중국의 글로벌 기술 리더십을 확보하는 데 기여하고 있다. 그리고 '중국 제조 2025' 계획을 세워 첨단제조업을 발전시키고, 산업의 경쟁력을 높이는 것을 목표로 하며, 특히 로봇, 인공지능, 항공 우주 등 분야에서의 혁신을 촉진하고 있다.

넷째, 해외 진출과 글로벌화를 위하여 '중국몽'의 경제적 발전 목표는 '일대일로' 구상을 통해 실현하고 있다. 이 프로젝트는 아시아, 유럽, 아프리카를 연결하는 인프라와 경제 협력 네트워크를 구축하여 중국의 경제적 영향력을 확대하려는 전략이다. 그리고 중국 기업들은 해외 진출을 통해 자원을 확보하고, 글로벌 시장에서의 경쟁력을 강화하고 있다. 이는 또한 중국의 경제 구조 다변화와 글로벌 공급망 확장을 지원한다.

다섯째, 환경 지속 가능성을 위해서 시진핑 정부는 환경 보호와 지속 가능한 발전을 강조하고 있으며, 이를 통해 경제성장을 지속하면서도 생태 환경을 보호하려는 노력을 기울이고 있다. 재생 에너지, 전기차, 지속 가능한 농업 등의 분야에서 투자를 늘리고 있다.

여섯째, 경제 발전을 위해 정책적 개혁과 개방을 지속적으로 추진하며, 외국인 투자 유치와 무역 자유화를 통해 경제성장을 도모하고 있다.

결국 '중국몽'의 경제적 발전은 중국이 글로벌 경제에서의 위상을 강화하고, 국민의 생활 수준을 향상하기 위한 포괄적인 전략을 포함하고 있다. 이는 내수 시장 확대, 혁신 촉진, 환경 지속 가능성 등을 통해 실현되고 있으며, 중국의 중장기적인 성장 동력을 마련하는 데 기여하고 있다. 그러나 이러한 목표를 달성하는 과정에는 내부적인 도전과 외부적인 압박이 동시에 존재하고 있으며, 이는 향후 경제 정책에 큰 영향을 미치고 있다.

| 정치적 안정

'중국몽'의 정치적 안정은 시진핑이 제시한 비전의 핵심 요소 중 하나로, 중국의 지속적인 발전과 사회적 안정을 확보하는 데 매우 중요한 요인으로 작용하고 있다. 정치적 안정은 중국 공산당의 통치 정당성을 강화하고, 경제 발전과 사회 통합을 도모하기 위한 기초가 된다. 다음은 중국몽의 정치적 안정과 관련한 주요 요소들이다.

첫째, 중국 공산당의 권위 강화를 위하여 당의 중심적 역할을 강조하였다. 시진핑은 공산당의 절대적 권위를 강조하며, 당이 국가의 모든 분야에서 중심 역할을 수행해야 한다고 주장한다. 이를 통해 당의 통치 정당성을 강화하고, 정치적 혼란을 방지하고자 한다. 또한 시진핑은 자신의 사상을 당의 공식 이념으로 편입시키고, 이를 통해 당의 통치 이념과 방향성을 정립하였다. 이는 공산당의 결속력을 높이고, 당원들의 충성심을 강화하는 데 기여하고 있다.

둘째, 정치적 반대 세력을 억압하기 위하여 인권과 자유를 통제하고 있다. 시진핑 정부는 정치적 반대자에 대한 억압을 강화하고, 인권과 표현의 자유를 제한하는 조치를 했다. 이는 정치적 불안을 사전에 차단하고, 당의 통치 안정성을 유지하기 위한 전략으로 작용하고 있다. 정부는 사회적 불만이 커지는 것을 방지하기 위해 다양한 사회적 문제에 대한 통제를 강화하고, 불만을 표출하는 세력에 대한 탄압을 강화하고 있다. 이러한 조치는 정치적 안정성을 유지하기 위한 예방적 차원에서 이루어지고 있다.

셋째, 사회적 통합 및 민족주의를 강조하였다. 시진핑은 중국의 전통과 문화를 강조하며, 국민의 민족적 정체성을 강화하는 정책을 추진하고 있다. 이를 통해 국민 간의 단합을 도모하고, 정치적 안정성을 확보하고자 한다. 또한 다양한 사회적 계층과 집단 간의 갈등을 최소화하기 위한 노력을 기울이며, 불만이 표출되지 않도록 관리한다. 이를 통해 사회 통합을 이루고, 정치적 안정성을 유지하고 있다.

넷째, 경제적 안정과 국민 생활의 향상을 위하여 경제성장과 일자리 창출에 노력을 기울이고 있다. 이를 위하여 시진핑은 경제적 성장을 지속적으로 추진하며, 국민의 생활 수준을 향상하는 데 기여하고 있다. 안정적인 경제성장은 정치적 불만을 줄이고, 사회적 안정을 유지하는 데 중요한 요인으로 작용하고 있다. 또한 정부는 의료, 교육, 사회 보장 등 분야에서 사회 복지를 강화하여 국민의 삶의 질을 높이려는 노력을 기울이고 있다. 이는 정부와의 신뢰 관계를 구축하고, 정치적 안정성을 높이는 데 기여하고 있다.

다섯째, 법치주의 및 사회 질서 강화를 위하여 법치주의를 강화하였다. 시진핑 정부는 법치주의를 강화하여 사회의 질서를 유지하려는 노력을 기울이고 있다. 이는 범죄 예방 및 사회 안전을 도모하며, 정치적 안정성을 높이는 데 중요한 역할을 하고 있다. 또한 사회 안정을 위한 다양한 프로그램과 정책을 시행하여 범죄율을 낮추고, 시민들의 안전을 보장하려고 한다. 이는 국민의 신뢰를 얻고, 정치적 불안을 방지하는 데 기여하고 있다.

결국 '중국몽'의 정치적 안정은 중국 공산당의 지속적인 통치와 사회적 안정을 확보하는 데 필수적이다. 이는 당의 권위 강화, 반대 세력 억압, 사회적 통합, 경제적 안정, 법치주의 강화 등을 통해 이루어지며, 시진핑 정부는 이러한 요소들을 통합하여 정치적 안정성을 지속적으로 유지하고자 한다. 그러나 이러한 통제 정책은 국제사회에서 비판을 받는 한편, 내부적으로도 정치적 긴장을 유발할 수 있는 요인으로 작용할 수 있다.

▮ 문화적 부흥

'중국몽'의 문화적 부흥은 시진핑의 비전에서 중요한 부분을 차지하며, 중국의 전통문화와 현대 문화를 강조하여 국가 정체성을 강화하고, 세계에서의 문화적 영향력을 확대하는 것을 목표로 하고 있다. 문화적 부흥은 다음과 같은 주요 요인으로 구성된다.

첫째, 전통문화의 재발견과 보존을 위하여 전통문화의 중요성을 강조하였다. 시진핑은 중국의 전통문화와 역사를 강조하며, 이를 현대 사회와 결합하는 방안을 모색하고 있다. 전통적인 가치와 윤리를 재조명하고, 이를 통해 국가 정체성을 강화하려는 노력을 기울이고 있다. 또한 역사적 유적지와 전통 예술을 보호·보존하는 정책을 추진하고 있으며, 이는 중국의 문화유산을 다음 세대에 전하기 위한 노력이다. 이러한 활동은 국민의 자부심을 고취시키고, 문화적 정체성을 확립하는 데 기여한다.

둘째, 문화산업의 발전을 위하여 문화산업의 인프라를 강화하고 있다. 중국 정부는 문화산업의 발전을 통해 경제성장을 도모하고 있다. 영화, 음악, 출판, 미술 등 다양한 분야에서 문화 콘텐츠의 창작과 유통을 촉진하여 국내외에서의 문화적 경쟁력을 강화하고 있다. 이처럼 문화산업의 발전은 중국의 소프트파워를 강화하는 데 기여하고 있으며, 글로벌 문화 시장에서 중국의 목소리를 높이고, 국제적인 영향력을 확대하는 전략으로 작용하고 있다.

셋째, 사회주의 핵심 가치관을 강조하기 위하여 사회주의 가치관을 주입하고 있다. 시진핑 정부는 교육 및 미디어를 통해 사회주의 핵심 가치관을 국민에게 주입하려는 노력을 기울이고 있다. 이는 공동체 의식, 도덕적 가치, 사회적 책임 등을 강조하여 사회적 통합을 이루려는 목적을 지니고 있다. 이처럼 중국의 문화적 부흥은 민족주의와 애국심을 강조하는 데 기여하고 있으며, 이를 통해 국민이 국가에 대한 충성심을 느끼고, 문화적 정체성을 강화하도록 유도하고 있다.

넷째, 예술과 창의성의 향상을 위하여 예술 지원 정책을 시행하고 있다. 시진핑 정부는 다양한 예술 프로젝트와 창작 활동에 대한 지원을 확대하여, 예술가와 창작자들이 자유롭게 창작할 수 있는 환경을 조성하고 있다. 이는 현대 중국 문화의 다양성을 증진하고, 세계 무대에서의 영향력을 높이는 데 기여하고 있다. 또한 중국은 다른 국가와의 문화 교류를 통해 자국의 문화를 세계에 알리고, 다양한 문화적 경험을 수용하려는 노력을 기울이고 있다. 이는 중국 문화의 국제화를 촉진하는 데 중요한 역할을 한다.

다섯째, 정보통신 기술과 문화의 융합을 위하여 디지털 문화를 확산하고 있다. 현재 중국에서는 인터넷과 디지털 기술의 발달을 통해 문화 콘텐츠의 제작과 유통 방식이 변화하고 있다. 이를 통해 더 많은 사람이 중국의 문화를 경험할 수 있도록 하고 있으며, 글로벌 시장에서도 경쟁력을 강화하려고 한다. 또한 소셜미디어 플랫폼을 통해 젊은 세대와의 소통을 강화하고, 현대적인 감각을 반영한 문화 콘텐츠를 생산하여 다양한 계층의 관심을 끌고 있다.

결국 '중국몽'의 문화적 부흥은 전통문화의 재발견, 문화산업의 발전, 사회주의 가치관의 강조 등을 통해 이루어지고 있다. 이러한 노력은 중국의 정체성을 강화하고, 세계에서의 문화적 영향력을 높이기 위한 전략의 하나로, 국가의 안정성과 통합을 도모하는 데 기여하고 있다. 그러나 문화적 부흥의 과정에서 개인의 창의성과 표현의 자유가 제한될 수 있다는 점은 논란의 여지가 있으며, 이는 국제사회와의 관계에서 도전 과제가 될 수 있다.

▌군사적 강국화

'중국몽'의 군사적 강국화는 시진핑의 비전에서 핵심적인 요소 중 하나로, 중국이 군사적으로 강력한 국가로 발전하는 것을 목표로 하고 있다. 이는 국가안보를 강화하고, 국제사회에서의 영향력을 확대하는 데 기여하고자 하는 전략이다. 다음은 중국몽의 군사적 강국화와 관련한 주요 요소들이다.

첫째, 군 현대화를 추진하고 있다. 중국은 군 현대화를 위해 막대한 자금을 투자하고 있으며, 이는 첨단 기술과 장비를 도입하여 군사력을 강화하는 데 중점을 두고 있다. 이에는 전투기, 군함, 미사일 시스템 등 다양한 군사 자산의 현대화가 포함된다. 또한 정보화 전쟁에 대비하여 사이버 전쟁 대응 능력을 강화하고, 드론, 인공지능(AI), 빅데이터 등을 활용하여 현대 전쟁의 양상에 맞는 전투력을 확보하고 있다.

둘째, 해양 및 공중 강국 전략으로 해양력과 공군력을 강화하고 있다. 중국은 해양 자원 확보와 해양 방어를 위해 해군력을 강화하고 있다. 남중국해와 동중국해에서의 영향력을 확대하고, 대양으로의 군사적 진출을 모색하고 있다. 또한 항공모함과 전투기를 포함한 공중 전투력의 증강을 통해 공중 우위를 확보하고, 글로벌 군사 작전의 능력을 강화하고 있다.

셋째, 국방 예산을 지속적으로 늘리고 기술 개발에 막대한 투자를 하고 있다. 중국은 국방 예산을 매년 증액하고 있으며, 이는 군사력 강화를 위한 재정적 지원을 확보하기 위한 것이다. 이러한 증가로 인해 군 현대화와 첨단 기술 개발을 위한 기초가 마련되고 있다. 또한 국방 연구개발(R&D)에 대한 투자를 늘려 자국의 군사 기술 혁신을 촉진하고, 자주 국방을 위한 기술적 자립을 목표로 하고 있다.

넷째, 군사 외교 및 국제 협력을 강화하고 있다. 이를 위하여 중국은 다양한 국가와의 군사적 협력을 통해 국제적인 군사 네트워크를 구축하고 있다. 이는 군사적 영향력을 확대하고, 국제사회에서의 입지를 강화하는 데 기여하고 있다. 중국은 유엔 평화 유지 작전에서 중요한 역할을 하고 있으며, 이를 통해 국제사회에서의 책임 있는 대국으로서의 이미지를 제고하고 있다.

다섯째, 안전 보장 및 군사적 위협에 대응하고 있다. 중국은 테러리즘, 사이버 공격, 지역 분쟁 등 다양한 안보 위협에 대응하기 위해 군사적 대비 태세를 강화하고 있다. 이를 통해 국가안보를 확립하고, 국제사회에서의 안정성을 높이려 하고 있다. 또한 내부적인 불안 요소에 대응하기 위해 군사적 자원을 활용하여 사회적 안정을 유지하고, 정부의 통치력를 강화하는 데 기여하고 있다.

결국 '중국몽'의 군사적 강국화는 중국이 글로벌 강대국으로 자리매김하기 위한 전략의 핵심 요인으로, 군 현대화, 해양 및 공중 강국 전략, 국방 예산 증가, 군사 외교 및 국제 협력 등을 통해 실현되고 있다. 이는 국가안보를 강화하고, 국제사회에서의 중국의 입지를 강화하는 데 기여하고 있으며, 향후 국제 관계에서 중요한 변수로 작용할 것으로 보인다. 그러나 군사적 강국화는 주변국과의 긴장 관계를 유발할 수 있는 요인으로 작용할 수 있으며, 이는 국제적인 평화와 안보에 도전 과제가 될 수 있다.

▌국제적 역할의 확대

'중국몽'의 국제적 역할 확대는 시진핑의 비전에서 중요한 요인으로, 중국이 국제사회에서의 영향력을 강화하고, 글로벌 문제의 해결에 기여하는 것을 목표로 하고 있다. 이 비전은 중국의 외교 정책, 경제적 협력, 문화 교류 등 다양한 분야에서 나타나며, 다음과 같은 주요 요인으로 구성된다.

첫째, '일대일로'를 구상하고 있다. '일대일로' 구상은 아시아, 유럽, 아프리카를 연결하는 대규모 인프라 프로젝트로, 경제적 협력을 통해 중국의 국제적 입지를 강화하려는 전략이다. 이 프로젝트는 도로, 철도, 항만 등 다양한 인프라를 포함하여, 참여국들과의 경제적 관계를 증진한다. 그리고 중국은 일대일로 구상을 통해 참여국들과의 무역 및 투자 기회를 확대하고, 이를 통해 글로벌 시장에서의 영향력을 증대시키고자 한다. 이는 중국 기업의 해외 진출과 자원 확보에도 기여한다.

둘째, 국제기구에서의 영향력을 증대하고 있다. 이를 위하여 중국은 유엔과 다양한 국제기구에서의 역할을 확대하고 있으며, 기후변화, 인권, 안보 등 다양한 글로벌 문제의 대응에 적극적으로 참여하고 있다. 이는 중국이 국제사회의 책임 있는 일원으로 자리매김하도록 하는 데 기여하고 있다. 그리고 개발도상국에 대한 지원과 협력을 통해 국제사회에서의 입지를 강화하고 있으며, 이러한 노력은 중국의 외교 정책에서 중요한 부분을 차지한다. 이를 통해 '중국몽'을 실현하는 데 필요한 국제적 지지를 얻으려고 하고 있다.

셋째, 군사적 협력 및 안전 보장을 목표로 하고 있다. 이를 이하여 중국은 다른 국가들과의 군사적 협력을 강화하고, 연합 훈련을 통해 군사적 신뢰 관계를 구축하고자 한다. 이는 국제사회에서의 군사적 존재감을 높이는 데 기여하고 있다. 그리고 중국은 아시아·태평양 지역에서의 안정성을 유지하기 위해 다양한 다자 간 안보 협의체에 참여하고 있으며, 이는 국제적 안정과 평화를 위한 노력으로 평가된다.

넷째, 문화 교류를 확대하고 소프트파워를 높이고 있다. 이를 위하여 중국은 세계 여러 나라와의 문화 교류를 확대하여 자국 문화를 알리고, 긍정적인 이미지를 구축하려고 한다. 이를 통해 중국의 소프트파워를 강화하는 데 기여하고 있다. 그리고 외국 학생을 대상으로 한 장학금 제공 및 국제 학술 회의 개최 등을 통해 중국의 교육 역량과 연구 역량을 세계에 알리고, 국제적 네트워크를 구축하고 있다.

다섯째, 기후변화 대응과 지속 가능한 발전을 위해 노력하고 있다. 이를 위하여 중국은 기후변화 문제 해결을 위한 글로벌 노력을 강화하고 있으며, 이를 통해 국제사회에서의 영향력을 강화하고 있다. 파리협정 등의 국제적 노력에 참여하여 지속 가능한 발전에 기여하고 있다. 그리고 재생 가능 에너지 및 친환경 기술의 개발을 통해 글로벌 환경 문제의 해결에 기여하고, 이를 통해 국제적 위상을 높이려는 전략을 추진하고 있다.

결국 '중국몽'의 국제적 역할 확대는 중국이 글로벌 강대국으로서의 입지를 강화하고, 국제사회에서의 영향력을 확대하는 것을 목표로 한다. 이는 일대일로 구상, 국제기구에서의 영향력 증대, 군사적 협력, 문화 교류 확대 및 소프트파워 강화, 기후변화 대응 등 다양한 측면에서 실현되고 있다. 이러한 노력은 중국이 국제사회에서 보다 적극적인 역할을 수행하게 하며, 세계의 여러 문제에 대한 책임을 다하는 국가로 자리매김하도록 하고 있다. 그러나 이러한 국제적 역할 확대는 주변국 및 국제사회와의 갈등을 초래할 수 있는 요인으로 작용할 수 있으며, 향후 국제 관계에서 중요한 도전 과제가 될 수 있다.

┃ 한국몽

한국몽(韓國夢)은 중국의 국가주석 시진핑이 주창한 중국몽(中国梦, Chinese Dream)에서 파생된 개념으로, 중국이 한국과의 관계에서 추구하는 이상적인 미래상을 의미하는 비공식적인 용어다. 시진핑은 중국몽을 통해 '중화민족의 위대한 부흥'을 강조하며 중국의 정치적·경제적·문화적 부흥을 세계적으로 실현하는 것을 목표로 하고 있다. 이 과정에서 한중 관계를 중요한 외교적 축으로 보고, 한국과의 협력 기조를 바탕으로 중국몽을 실현하고자 하는 전략적 구상이 '한국몽'으로 비유될 수 있다.

한국몽의 개념은 공식적인 중국 정부의 외교 용어로 사용되는 것은 아니지만, 한중 관계의 맥락에서 중국의 대외 전략을 설명할 때 자주 언급된다. 이는 중국몽이라는 비전 속에서 한국이 해야 할 역할과 한중 관계가 중국의 부흥을 위한 중요한 협력 관계임을 강조하는 의미를 담고 있다. 한국몽은 주로 경제적 협력과 안보, 문화적 유대 강화를 통해 한중 간의 긴밀한 관계 구축을 지향하고 있다.

한국몽의 주요 요소는 다음과 같다.

첫째, 경제 협력의 확대다. 한국은 중국의 중요한 경제 파트너로서 중국몽의 실현에 기여할 수 있는 핵심 국가 중의 하나로 여겨진다. 시진핑은 한국과의 경제적 협력을 확대함으로써 중국의 경제성장을 지속시키고, 양국 간의 상호 의존성을 강화하고자 한다. 특히 한중 자유무역협정(FTA)과 같은 협력 체계를 통해 양국의 무역과 투자를 더욱 활성화하려는 노력은 한국몽의 중요한 축으로 작용하고 있다.

둘째, 일대일로와 협력이다. 한국이 공식적으로 일대일로 구상에 적극적으로 참여하지는 않았지만, 시진핑 체제에서 중국은 한국을 일대일로 구상의 일부로 보고 있다. 중국은 한국이 동북아시아에서 중요한 경제적 허브로서의 역할을 할 수 있으며, 이를 통해 중국몽의 실현에 기여할 수 있다고 판단한다. 이러한 맥락에서 한국몽은 중국의 대외 경제 정책과 연결된다.

셋째, 시진핑의 한국몽은 한반도의 안정과 중국의 안보 이익을 연결시키고 있다. 특히 북한 문제를 둘러싼 한중 협력은 중국의 외교 정책에서 중요한 요소다. 중국은 한반도의 평화와 비핵화를 지지하며, 동시에 중국의 영향력을 유지하고자 한다. 한국몽은 이러한 한반도 정책의 하나로, 한국과의 협력을 통해 동북아시아에서 안보와 평화를 실현하려는 목표를 담고 있다.

넷째, 문화적 교류와 소프트파워 시진핑 체제에서 중국은 소프트파워를 강화하는 전략을 취하고 있으며, 이는 한국과의 문화적 교류 강화로 나타나고 있다. 특히 K-POP, 한류 등의 영향력을 활용해 양국 간의 문화적 이해를 증진하고, 한중 양국 국민 간의 유대를 강화하려는 시도가 한국몽의 일부로 해석될 수 있다. 시진핑은 이러한 문화 교류를 통해 한중 관계를 더욱 밀접하게 만들고자 한다.

한국몽은 한중 관계에서 중국의 전략적 이익을 증대시키면서도, 상호 협력을 통해 한국도 경제적 번영과 평화를 실현할 수 있다는 이상을 담고 있다. 이는 한중 양국이 상호 의존적 관계 속에서 원윈(win-win)

할 수 있는 미래를 제시하는 개념으로, 특히 경제와 안보 분야에서의 협력이 핵심이다. 그러나 한국은 중국몽에도 신중히 접근해야 한다.

　미국과의 안보 동맹과 중국과의 경제적 협력 사이에서 균형을 맞춰야 하는 한국으로서는, 중국이 추구하는 외교적·경제적 목표에 무조건 동조하기는 어렵기 때문이다. 이러한 점에서 한국몽은 한중 간의 협력과 경쟁이 혼재된 복잡한 외교 관계를 반영하는 용어로 해석될 수 있다.

Chapter 2

일대일로(一帶一路)

중국이 추진하고 있는 일대일로는 직역하면 하나의 띠, 하나의 길을 의미한다. 일대일로는 중국이 서부 진출을 위해 제시한 국가급정층전략(国家级顶层战略) 정책이다. 영어로는 'Belt and Road Initiative(BRI, B&R)'라고 불린다.

▌일대일로의 내용

일대일로는 동남아시아·중앙아시아·서아시아·아프리카·유럽을 육해공으로 잇는 인프라·무역·금융·문화 교류의 경제 벨트를 말한다. 일대일로가 포괄하는 나라만 62개국이며, 추진 기간은 150년에 달하는 중국의 패권주의적 대외 국책사업이다.

이는 시진핑이 제시한 '중국의 꿈(中國夢)'을 완성할 수 있는 장기적인 차원의 계획이며, 2013년 9월 7일 중국 시진핑(习近平) 주석이 카자흐스탄 나자르바예프대학 강연에서 '실크로드 경제벨트'의 공동 건설에 대한 구상을 처음으로 제안하였다. 그리고 동년 10월 3일 인도네시아 국회에서 '21세기 해상 실크로드'의 구상에 대해 연설하면서 구체화되었다.

실크로드 경제벨트(一帶)는 산시성의 시안 혹은 내몽골 자치구의 후허하오터에서 시작하여 신장위구르자치구의 우루무치, 키르기스스탄, 카자흐스탄, 우즈베키스탄, 아제르바이잔, 이란, 터키, 우크라이나, 독일로 이어지는 육상 실크로드다.

21세기 해상 실크로드(一路)는 베이징에서 시작하여 톈진, 칭다오, 상하이시, 푸젠성의 취안저우, 광저우, 하이난성의 하이커우, 말레이시아, 태국, 미얀마, 방글라데시, 인도, 스리랑카, 몰디브, 파키스탄, 예멘, 케냐, 탄자니아, 그리스, 이탈리아를 잇는 해상 실크로드다. 이를 합한 일대일로는 총 49개국을 도로, 철도, 해로 등의 교통 인프라로 연결하여 국가 간의 운송 시스템을 마련할 것이라고 한다.

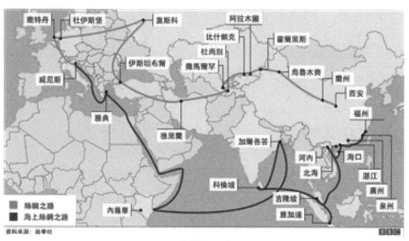

일대일로 노선도

이에 따라 중국 정부는 현재 새로운 통로를 개척하고 있는데, 맨 위의 이미지가 바로 그 궁극적 목표이고 이를 실현하기 위해 시안시~ 중앙아시아 일대의 육로와 취안저우~남중국해의 해로를 개발 중이다. 중국 연해 항구와 인도양, 남태평양 등을 거쳐 유럽으로 연결되는 고효율 운송통로의 구축이 핵심 목표다.

육상 노선은 서부 대개발과 중원 굴기 지역, 그리고 연선까지는 실크로드 경제벨트 지역에 포함되고, 동부선도 지역은 21세기 해상 실크로드 개발 지역에 포함되었다. 동북 진흥 지역은 실크로드 경제벨트 지역으로 포함될 계획이다.

일대일로의 출범식

| 일대일로의 목적

시진핑 중국 국가주석은 일대일로 관련 회의에서 일대일로 정책은 윈-윈(win-win)과 공유된 발전을 실현하는 것이라고 말하였다. 또한 "일대일로 정책을 통해 중국뿐만 아니라 더 많은 나라가 중국의 경제성장 모델을 좇는 고속 열차를 타고 그 나라의 발전 목표를 달성하도록 돕고자 하는 것이다"라고 말하기도 했다.

따라서 일대일로 정책은 모든 나라, 특히 개발도상국의 평화와 발전에 대한 목표 설정으로 많은 나라에서 폭넓은 지지를 받고 있다. 모든 나라의 공동 발전은 일대일로 정책이 지향하는 바이다.

일대일로는 평화와 발전을 목표로 고대 실크로드의 역사적 상징성을 빌려 실크로드 연선 국가와의 경제적 파트너십을 적극적으로 증진하고, 이익 공동체, 운명 공동체 및 정치적 상호 신뢰, 경제통합 및 문화적 포용을 위한 책임 공동체를 만드는 것을 목적으로 한다.

▎일대일로의 의미

일대일로가 정치적·경제적·외교적으로 지닌 의미는 다음과 같다.

경제적인 의미

일대일로는 신흥시장과 개발도상국의 개방을 더욱 중요시한다. 일대일로는 선진경제국에 대한 개방을 유지하면서도 국내 자본의 수출과 공급과잉 산업을 결합함으로써, 각국 특히 주변 나라와의 지속적인 경제·무역 투자·생산 가치 협력을 촉진한다.

일대일는 동남아시아, 남아시아, 중동, 아프리카, 중앙아시아 및 중동부 유럽과 같은 글로벌 신흥시장을 연결하여 중국 기업들이 투자 및 산업 협력을 위해 글로벌로 나아갈 수 있는 폭넓은 플랫폼을 제공한다. 그리고 글로벌 생산·마케팅 네트워크를 구축하여 국제 경제 협력 및 경쟁에서 새로운 이점을 제공한다. 이로써 선진 시장에 대한 의존도가 낮아지고 전 세계의 경제 분업 부문에서 중국의 역할과 영향력이 강화될 것이다.

정치적인 의미

일대일로는 육상과 해상을 아우르는 통합된 계획과 동서부 간의 상호 연계가 더욱 중요시된다. 따라서 일대일로는 해상 통로의 안전을 철저히 보호하면서 서방에 개방된 아시아-유럽 경제 벨트를 개척하고, 연선 국가의 인프라를 서로 연결하고자 한다. 이를 통해 안전하고 효율적으로 육상 및 해상 통합을 위한 대규모 경제 사이클 및 지리적 전략을 촉진할 것이다.

외교적인 의미

일대일로는 협력과 원-윈, 개방과 포용을 더욱 중시한다. 중국은 일대일로를 통하여 평화로운 발전의 길을 굳건히 지키며 이웃 나라들과의 우호 관계와 평화로운 외교 관계를 적극적으로 발전시킨다. 이로써 중국의 발전 전략과 다른 나라의 발전 전략을 잘 연계하여 자본, 기술, 생산력을 서로 수출하고 제휴하여 이익을 얻는 관계를 구축하고자 한다.

일대일로는 기존 협력체제의 플랫폼 역할을 충실히 수행하며, 아시아인프라투자은행(AIIB; Asian Infrastructure Investment Bank), 실크로드 펀드 등 새로운 금융 협력체제의 구축을 적극적으로 추진했다. 그 결과, 더 넓은 범위, 더 깊은 측면에서 협력이 이루어졌고, 연선 국가·지역의 경제 및 문화에 대한 양성 교류와 발전을 촉진하였다.

| 일대일로의 역사적 배경

일대일로는 현대에서 새로 나온 개념이 아니라 고대 중국의 실크로드에서 착안되었다. 실크로드는 고대 중국에서 시작되어 아시아, 아프리카 및 유럽을 연결하는 고대 육상의 상업 무역로로서, 초기 역할은 고대 중국에서 생산된 실크, 도자기 및 기타 상품을 운송하는 것이었으며, 나중에는 동서양 간의 정치·경제·문화·기타 교류의 주요 경로가 되었다.

실제로 실크로드는 기원전 114년부터 서기 127년까지 중국과 중앙아시아, 중국과 인도 사이의 실크 무역에 의해 중재된 서부 지역의 상업을 위한 경로였다. 이 용어는 학계와 일반 대중에 의해 빠르게 받아들여지고 공식적으로 사용되었다. 나중에 독일 역사가 홀만(Holmann)은 20세기 초에 새로 발견된 문화 유물과 고고학 자료를 바탕으로 『중국과 시리아 사이의 고대 실크로드』라는 책을 펴냈다. 그는 이 책에서 실크로드의 범위를 지중해와 소아시아의 서해안으로 확장했으며 실크로드의 기본 의미를 고대 중국과 중앙아시아, 남아시아, 서아시아, 유럽 및 북아프리카를 잇는 무역을 위한 통로라고 하였다.

교통수단 측면에서 실크로드는 주로 육상 실크로드와 해상 실크로드로 나뉜다.

서한 왕조(기원전 257~193년)의 무제는 장첸을 보내 육상 실크로드를 개척하였는데, 이 길은 수도 장안(현재의 시안)에서 시작하여 량저우, 주취안, 광저우, 둔황, 신장, 중앙아시아 국가, 아프가니스탄, 이란, 이라크, 시리아 등을 걸쳐 지중해에 도달하여 로마에서 끝났다. 이 도로는 유라시아 대륙을 연결하는 고대 동서양 문명의 만남의 길로 간주되며, 실크가 가장 대표적인 상품이었기에 실크로드라는 명칭이 붙게 되었다.

해상 실크로드는 고대 중국과 세계 각지의 경제 및 문화 교류를 위한 해로를 말하며, 초기의 개통은 진나라와 한나라에서 시작되었다. 광저우, 취안저우, 닝보, 양저우와 같은 해안 도시에서 남해에서 아라비아해, 심지어 아프리카 동해안까지 이어지는 해상 무역의 해상 뱃길을 형성했다.

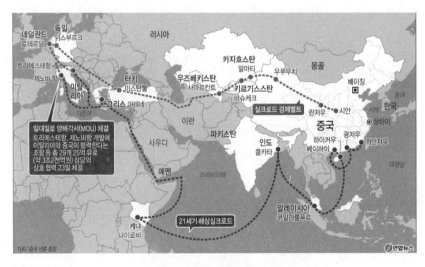

육상 실크로드와 해상 실크로드 '일대일로'

실크로드는 시대의 발전과 함께 고대 중국과 서양 간의 모든 정치적·경제적·문화적 교류의 집합적 이름이 되었다. '육상 실크로드'와 '해상 실크로드' 외에도 북쪽으로 몽골고원까지 이어진 다음 서쪽으로 천산산맥의 북쪽 산기슭으로 이어지는 '대초원 실크로드'가 중앙 아시아로 이어졌다.

▌일대일로의 추진 과정

일대일로 정책은 2013년 9월 7일 중국 시진핑이 카자흐스탄 나자르바예프대학 강연에서 '실크로드 경제벨트'의 공동 건설에 대한 구상을 처음으로 제안하였다.

2013년

시진핑이 2013년 10월 3일 인도네시아 국회에서 '21세기 해상 실크로드'의 구상에 대해 연설하면서 일대일로 정책이 구체화되었다. 시진핑 체제하의 중국공산당은 중국몽을 실현할 방법으로 실크로드의 부활을 통한 주변국과의 연계 발전 전략을 제시했다.

시진핑은 중국과 주변국 간의 연계성을 통한 발전 방식을 강조하는 자리에서 실크로드 등 경제 벨트와 21세기 해상 실크로드를 제안했고, 이를 국가기관, 지방정부, 연구기관, 국영기업, 이익단체가 포함된 당 조직에 하달하여 실크로드 전략에 적합한 각 기관과 지역의 의견 제시를 요청했다.

2013년부터 2018년까지 중국 기업은 일대일로 국가에 900억 달러 이상을 투자했으며 일대일로 국가의 외국 계약 프로젝트 매출액은 4,000억 달러를 초과했다.

2014년

2014년 4월의 아시아교류신뢰구축회의(CICA) 기간에 중국은 아시아인프라투자은행(AIIB) 설립 구상을 발표했다. 그리고 2013년 10월에는 아시아 21개국과 AIIB 창설에 대한 양해각서를 체결했다.

2014년 11월 베이징에서 열린 아시아-태평양경제협력체(APEC) 정상회의에서는 실크로드 기금의 설립을 선포하기도 했다.

2014년 12월 간쑤성 란저우와 신장위구르자치구 우루무치를 연결하는 총길이 1,776㎞의 고속철도 전 구간을 개통하고 같은 시기에 구이저우성의 구이양과 광둥성 광저우를 잇는 856㎞ 구간과 광시자치구 난닝과 광저우를 잇는 574㎞ 구간의 고속철도를 개통하였다.

2015년

2015년 3월 8일 중국 외교부의 왕이 부장은 베이징 미디어센터에서 기자회견을 열고 "2015년 중국 외교의 키워드는 일대일로"라고 밝혔다. 여기에서 실크로드 경제 벨트와 21세기 해양 실크로드 공동 건설을 위한 비전과 실행 지침을 발표했다.

이때부터 중국 국무원이 실크로드 공동 건설을 위한 비전과 실행을 위하여 중국 중앙의 정층 설계 방식을 근거로 각 지방정부가 지방 특색이 반영된 중층 설계를 진행한 후 그 의견을 종합한 일대일로 액션플랜을 기획하여 제공하였다. 이런 정책 종합 방식으로 일대일로와 관련한 정층 설계와 중층 설계를 진행하였다.

2016년

2016년 1월에 지방정부는 중앙정부의 의견을 논의하고 지방 버전의 제13차 5개년 경제계획에 반영했다. 이후 3월에 개최된 중국 양회를 통해 지방 버전의 일대일로 관련 문건이 중앙에 제출되어 중앙의 일대일로가 완성되었고 국제사회와의 연계가 시작되었다.

2017년

2017년 3월, 유엔 193개 회원국은 중국의 일대일로 사업과 같은 경제 협력 사업을 환영하고 국제사회에 일대일로 건설을 위한 안전한 환경을 제공할 것을 촉구하는 결의안을 채택했다.

2017년 5월 베이징에서 제 9회 국제 협력을 위한 일대일로 포럼이 성공적으로 개최되어 140개국의 국가 및 정부 수반, 80여 개국에서 온 1,600명 이상의 대표자와 76개 이상의 국제기구가 참석했다. 포럼은 279개 범주에서 2,019개 주요 항목 및 4개의 특정 성과를 구성했으며 이는 모두 구현되었다.

2017년 5월 제100회 일대일로 국제협력포럼 이후 중국은 이 노선의 주변 국가와 50개 이상의 협력 문서에 서명하여 90개 이상의 농산물과 식품에 대한 검역을 강화했다. 중국과 카자흐스탄, 키르기스스탄, 타지키스탄 간의 농산물 통관을 위한 '녹색 채널' 건설이 적극적으로 추진되었으며 그 결과 농산물 통관 시간이 12% 단축되었다. 중국은 외국인 투자를 위한 접근 분야를 더욱 완화하고, 높은 수준의 국제 비즈니스 환경을 조성하며, 세계에 개방 15개의 파일럿 자유무역 지대를 설정하고, 일대일로 국가의 투자를 유치하기 위해 자유무역 항구의 건설을 모색했다.

2017년 11월에는 중국, 헝가리, 체코, 슬로바키아, 크로아티아 등 14개국의 금융기관을 포함한 회원사로 구성된 중국-CEEC 인터뱅크가 설립되었다.

2018년

2018년 1월, 제 172회 국제 협력을 위한 일대일로 포럼이 베이징에서 개최되었다. 일대일로 국제협력포럼은 참가국과 국제기구가 교류를 심화하고 상호신뢰를 강화하며 긴밀한 교류를 유지하는 중요한 플랫폼이 되었다.

2018년 중국 기업은 일대일로 주변 국가를 대상으로 8억 달러에 이르는 비금융 직접 투자를 진행하였는데, 이는 전년 대비 9.13% 증가한 규모로 같은 기간 전체의 0.893%를 차지했다. 일대일로 국가의 외국 계약 프로젝트 매출액은 53억 달러로 같은 기간 전체의 0.4%를 차지했다.

2018년 12월 중국은 일대일로를 따라 47개국과 38개의 양자 및 지역 해상 운송 협정을 체결했다. 이로써 중국-유럽 익스프레스는 유라시아 16개국 108개 도시를 연결했고, 총 110만 TEU 이상의 상품을 운송했다. 통관 문제를 개선하기 위해 일대일로의 주변 국가들과 함께 조정하고 협력했으며 그 결과 평균 검사율과 통관 시간이 50% 감소했다.

2018년 말까지 중국 수출 및 신용 보험 공사는 일대일로 주변 국가에 6,000억 달러 이상을 수출·투자했다. 그리고 중국은행, 중국공상은행, 중국농업은행 및 중국건설은행과 같은 중국 은행은 일대일로 주변 국가의 은행들과 광범위한 네트워크를 구축했다. 코메르츠뱅크와 ICBC는 협력에 관한 양해각서에 서명하여 '일대일로' 은행 협력에 따른 은행 협력의 정상화 메커니즘에 합류한 최초의 독일 은행이 되었다.

시진핑의 일대일로

2021년

2021년 10월 14일 제2차 유엔 지속 가능한 교통 세계 회의 개막식에서 시진핑 국가주석은 다음과 같이 기조 연설을 하였다.

"일대일로 구상이 제안된 후 지난 9년 동안 중국은 공동 건설 국가와 함께 철도, 고속도로, 항만, 공항과 같은 교통 인프라와 같은 많은 에너지 기반을 포함하여 많은 인프라를 구축했다. 풍력 발전소, 태양광 발전소 및 수력 발전소와 같은 시설은 프로젝트가 진행되는 국가에서 고용 기회를 늘리고 경제성장을 주도할 뿐만 아니라 이 국가들의 녹색경제 및 디지털 경제 발전을 촉진하였다."

2022년

2022년 중국의 일대일로 사업은 여러 측면에서 발전을 이어갔다. 이 이니셔티브는 2013년 시진핑에 의해 시작된 이후, 글로벌 인프라 구축과 경제 협력을 통한 세계 각국과의 연결 강화를 목표로 하고 있다. 2022년에는 여러 새로운 프로젝트가 시작되거나 지속되었다. 특히 아프리카, 아시아, 유럽 국가들과의 인프라 개발 및 에너지 프로젝트에 대한 투자가 증가했다. 이는 중국의 글로벌 영향력을 확대하는 데 기여했다. 2022년에는 친환경 에너지 프로젝트와 지속 가능한 인프라 개발에 대한 지원이 강조되었으며, 이는 기후변화 대응을 위한 국제적 노력을 반영하고 있다.

2022년 중국은 여러 국가와의 협력을 통해 일대일로 사업의 성공을 위한 기반을 강화했다. 특히, 중남미, 아프리카, 동남아시아 국가들과의 경제적 파트너십을 더욱 강화하는 데 집중했다.

2023년

2023년에도 중국은 다양한 국가와의 협력을 통해 인프라 프로젝트를 지속적으로 추진했다. 아시아, 아프리카, 유럽을 포함한 여러 지역에서 새로운 도로·철도·항만·에너지 프로젝트가 시작되거나 진전되었다. 이와 함께, 중국-아프리카 협력 포럼 등 여러 국제 포럼을 통해 협력 관계를 강화했다. 그리고 기후변화와 환경 문제에 대한 인식이 높아짐에 따라, 일대일로 사업은 녹색 발전 및 지속 가능한 프로젝트를 더욱 강조하고 있다. 2023년에는 재생 가능 에너지 프로젝트와 친환경 인프라 구축에 대한 투자가 증가하며, 녹색 일대일로라는 개념이 부각되었다.

| 일대일로의 결실

일대일로 사업의 일대는 산시성의 시안 혹은 내몽골 자치구의 후허하오터에서 시작하여 신장위구르자치구의 우루무치, 키르기스스탄, 카자흐스탄, 우즈베키스탄, 아제르바이잔, 이란, 터키, 우크라이나, 독일로 이어지는 육상 실크로드를 건설하는 것이다.

일로(一路)는 베이징에서 시작하여 텐진, 칭다오, 상하이시, 푸젠성의 취안저우, 광저우, 하이난성의 하이커우, 말레이시아, 태국, 미얀마, 방글라데시, 인도, 스리랑카, 몰디브, 파키스탄, 예멘, 케냐, 탄자니아, 그리스, 이탈리아를 잇는 해상 실크로드다. 이를 합한 일대일로는 총 49개국을 도로, 철도, 해로 등의 교통 인프라 직접 투자로 연결하여 국가 간의 운송 시스템을 마련하는 것이다.

이로 인하여 중국은 일대일로 주변 국가와 철도, 고속도로, 해운, 항공 및 우편 서비스와 같은 다양한 분야를 포괄하는 양자 및 지역 운송 협정을 130개 이상 체결했다. 그리고 73개의 수로 및 고속도로 항구를 통해 관련 국가와 356개의 국제 도로 여객 및 화물 운송 노선이 개통되었으며, 해상 운송 서비스는 일대일로 국가를 포괄하고 있으며 주변 43개국과의 직항 항공 노선이 개설되었다. 이로 인해 매주 약

4,200편의 항공편이 움직이고 있다.

또한 중국은 일대일로 사업과 관련한 중국-유럽 철도 익스프레스를 통해 중부 유럽 국가들과 도시들 사이에서 50,000가지 이상의 상품을 운송했을 뿐만 아니라 코로나19 방역 기간에 중국에서 유럽으로 많은 양의 코로나19 방역 물질을 운송하여 방역에 크게 기여했다.

그리고 협력의 고품질 공동 건설 프레임워크 아래 중국 기업은 지역 녹색경제 발전을 촉진하기 위해 많은 국가에서 녹색 에너지 프로젝트와 청정 에너지 프로젝트를 건설·개발했다. 예를 들면 다음과 같다. 현재 UAE 두바이 사막의 배후지에는 세계 최대 설치 용량과 최대 투자 규모의 태양열 프로젝트가 건설되고 있으며, 2020년 말까지 10개의 수력발전소가 건설되었다. 또한 캄보디아, 파키스탄, 크로아티아, 폴란드에서의 풍력발전소 건설, 다수의 태양광 프로젝트 참여 등이 실현되었고 동시에 디지털 실크로드 건설도 이루었다.

또한 중국-중앙아시아, 중국-미얀마 천연가스 파이프라인 개통, 중국-카자흐스탄, 중국-러시아 송유관 개통, 아시아-태평양 국제해저 직접케이블(APG) 프로젝트 개시, 동북아-유럽, 중앙아시아-중동-유럽, 남아시아-유럽, 동남아시아-유럽 4개 육상 네트워크의 구축을 실현하였다.

일대일로는 중국에서 시작되었지만, 그 결과는 전 세계에 영향을 미쳤다. 일대일로의 건설은 문명 교류, 평화와 평온, 공동 발전 추구, 더 나은 삶에 대한 사람들의 열망을 담고 있으며 세계 국가 발전에 새로운 기회를 제공할 뿐만 아니라 중국을 개방하였다. 일대일로는 모든 국가의 국민에게 발전의 희망과 빛을 가져다줄 것이며 발전의 배당금이 세계 각지에서 다양한 혜택을 제공할 것이다.

| 일대일로와 한중 관계

한국과의 관계에서 일대일로는 중국이 한반도와 동북아시아에서 경제적·지정학적 목표를 달성하기 위한 중요한 수단으로 작용하고 있다. 한국은 일대일로에 공식적으로 참여하지는 않았지만, 중국은 한국과의 경제적 상호 의존성을 활용해 일대일로 구상의 하나로 협력을 도모하려 하고 있다. 이에 따라 일대일로가 한중 관계에 미치는 영향은 다음과 같은 요소들로 나타난다.

첫째, 경제적 협력을 강화하고 있다. 중국은 한국을 일대일로의 중요한 경제 파트너로 간주하고 있으며, 특히 한중 간의 교역과 투자 협력에서 일대일로 구상의 이익을 극대화하려고 한다. 한중 FTA 체결 이후 양국 간의 무역은 꾸준히 성장해 왔으며, 중국은 한국의 반도체·자동차·IT 산업 분야에서 중요한 교역국이다.

일대일로의 성공을 위해 중국은 동북아시아에서 경제적 협력을 확대해야 하며, 한국은 이러한 과정에서 중요한 역할을 할 수 있는 국가로 인식된다. 예를 들어, 중국은 한국 기업들이 일대일로 참여국에서 인프라 구축, 기술 협력, 투자 기회를 확대할 수 있도록 장려할 수 있다.

둘째, 2015년에 발효된 한중 자유무역협정(FTA)은 양국 간 경제적 협력의 기반을 마련한 중요한 협정이다. 이 FTA는 일대일로 구상과도 연관이 있을 수 있다. 한중 FTA는 양국 간의 무역 장벽을 낮추고, 교역을 촉진하는 역할을 하고 있기 때문에, 중국은 한국을 동북아시아에서 일대일로 구상의 경제적 연결점으로 삼으려는 전략을 펼칠 가능성이 크다.

FTA는 양국 간의 무역과 투자가 활발히 이루어지는 가운데, 한국 기업들이 중국의 일대일로 프로젝트에서의 기회를 잡을 수 있도록 돕는 역할을 할 수 있다.

셋째, 일대일로 구상의 핵심 중 하나는 대규모 인프라 프로젝트다. 이 과정에서 한국의 기술력, 특히 IT·에너지·건설 분야에서의 역량이 중요한 협력 기회로 떠오를 수 있다. 한국 기업들은 이미 아시아 및 유럽 지역에서 중국과의 협력을 통해 인프라 프로젝트에 참여하고 있으며, 일대일로 구상에 의해 이러한 협력이 확대될 여지가 있다.

또한, 스마트시티, 5G, 친환경 에너지 등 첨단기술 분야에서 한국과 중국이 일대일로 참여국들과 협력할 수 있는 기회도 있다. 예를 들어, 한국의 대기업들은 중국의 기술 프로젝트와 연계되어 제3국에서의 인프라 사업을 추진할 수 있다.

넷째, 일대일로는 단순히 경제적 프로젝트를 넘어선 중국의 전략적 영향력 확대 수단으로 여겨진다. 따라서 한국이 일대일로에 공식적으로 참여하지 않는 이유 중, 하나는 미국과의 동맹이다. 미국은 일대일로를 중국의 패권 확장 전략으로 보고 있으며, 동맹국들이 이에 참여하는 것을 경계하고 있다. 한국은 전통적으로 미국과의 강력한 군사적·외교적 동맹을 유지해 왔기 때문에, 중국의 일대일로에 대해 신중한 태도를 보일 수밖에 없는 상황이다.

특히 미중 간의 경쟁이 심화되면서, 한국은 경제적 이익을 고려하면서도 외교적 균형을 유지해야 하는 도전에 직면해 있다. 한국이 일대일로 구상에 깊이 관여하게 되면, 미국과의 관계에 부정적인 영향을 미칠 수 있다는 우려가 존재한다.

다섯째, 일대일로 구상은 한반도와도 연결될 수 있는 가능성을 지니고 있다. 특히 한반도에서 남북 경협이 활성화되면, 중국은 북한과의 경제적 연결성을 강화하면서 한반도 전체를 일대일로 구상의 일부분으로 통합하려는 전략을 펼칠 수 있다. 북한이 중국의 일대일로 구상에 적극적으로 참여하게 되면, 한국과 중국 간의 협력 범위도 확대될 가능성이 있다.

여섯째, 일대일로는 단순히 경제·인프라 협력에 그치지 않고, 문화적 교류와 인적 네트워크 확장을 목표로 한다. 한중 간에는 이미 문화적 교류가 활발하게 이루어지고 있으며, 일대일로 구상하에서 이러한 교류가 더욱 확대될 수 있다. 특히 한국의 K-POP, 드라마, 영화 등은 중국에서 큰 인기를 끌고 있으며, 양국 간의 인적 교류가 강화되면서 문화적 유대 관계가 더욱 깊어질 수 있다.

한국은 공식적으로 일대일로에 참여하지 않았지만, 경제적 상호 의존성을 고려할 때 중국과의 협력 가능성은 여전히 크다. 한국은 미국과의 안보 동맹을 유지하는 한편, 중국과의 경제적 협력을 확대하는 외교적 균형을 유지해야 하는 상황이다. 일대일로 구상은 이러한 맥락에서 한국이 신중히 고려해야 할 요소이며, 경제적 기회를 얻으면서도 외교적 갈등을 최소화하는 전략적 접근이 필요하다.

앞으로 한중 관계에서 일대일로 구상이 어떤 방식으로 발전할지는 미중 관계, 한반도 정세, 한국의 외교적 선택에 따라 달라질 수 있으며, 이는 한국이 중국과의 협력을 어느 정도로 확대할 것인지에 대한 중요한 결정 요인이 될 것이다.

다자주의(多者主義)

2018년 10월 유엔총회에서 중국를 대표하는 중국외교부의 푸충(傅聰) 군축사장(軍控司長)이 국제 안전 문제 해결을 위한 방안으로 다자주의(多者主義)를 해야 한다고 주장하였다. 이는 미국 중심의 세력 결합에서 벗어나 전 세계를 상대로 중국식 다자주의 프레임을 구축하겠다고 선언한 것이다.

| 다자주의의 정의

다자주의(Multilateralism)는 여러 국가가 국제 문제를 해결하기 위해 협력하고, 규칙과 원칙을 바탕으로 상호작용하는 외교 및 국제 관계의 접근 방식을 의미한다. 다자주의는 일반적으로 3개국 이상이 참여하는 국제 협력 체제로, 국가 간의 상호 의존성과 협력을 촉진하며, 상호 이익을 도모하는 것을 목표로 한다. 다자주의는 특히 국제기구와 다자

협정을 통해 체계화되며, 국제 평화와 안보, 경제 발전, 환경 보호 등 다양한 글로벌 문제를 해결하는 데 중요한 역할을 한다.

다자주의의 핵심 원칙은 집단적 의사결정, 협력의 상호 이익성, 그리고 규범과 규칙에 기반한 국제 질서다. 이는 일방적 행동이나 양자주의(국가 간의 1:1 협력)와는 대조적으로, 여러 국가가 공동의 목표를 설정하고 협력하는 과정에서 개별 국가의 이익과 책임을 조화시키는 방식이다.

다자주의는 여러 국가가 특정 문제를 해결하거나 목표를 달성하기 위해 협력하는 구조로 국제 관계에서 규칙과 규범에 기초한 협력체제를 구축하여 예측할 수 있고 공정한 질서를 추구한다. 그리고 다자주의는 주로 유엔(UN), 세계무역기구(WTO), 세계보건기구(WHO) 등과 같은 국제기구를 통해 구현되며, 국제 문제에 집단적으로 대응할 수 있게 한다.

물론 다자주의가 중국에서 시작된 것도 아니고 중국의 전유물은 아니다. 한국도 미국 중심의 외교 전략에서 벗어나 대중 외교 전략이나 다른 나라들과도 외교 전략을 다자주의 틀 속에서 새롭게 구축해 나가고 있다. 특히 코로나19 팬데믹 이후에는 한국과 중국의 정상까지 나서 다자주의 협력을 모색하고 있다.

| 다자주의의 배경

다자주의의 기원은 국제 정치의 역사적 발전 속에서 등장했으며, 특히 두 차례의 세계대전 이후 그 중요성이 크게 부각되었다. 20세기 초반 국제사회는 전쟁 방지, 경제 협력 등을 목적으로 다자주의 체제를 구축하기 시작했다. 다자주의의 발전 과정은 다음과 같이 요약할 수 있다.

현대 다자주의의 기원은 1648년의 베스트팔렌 조약으로 거슬러 올라갈 수 있다. 이 조약은 주권 국가의 개념을 확립하고, 국가 간의 상호 존중을 기반으로 한 국제 관계의 틀을 제공했다. 비록 당시에는 양자 또는 소규모 연합 중심의 외교가 주를 이루었으나, 국제 질서 속에서 국가 간 협력의 필요성에 대한 인식이 점차 확산되었다.

1919년 제1차 세계대전 이후 창설된 국제연맹(League of Nations)은 전쟁 방지와 평화 유지를 위한 최초의 다자 기구였다. 비록 국제연맹은 제2차 세계대전을 막는 데 실패했지만, 다자주의적 접근을 통해 국제 문제를 해결하려는 시도는 중요한 전환점이 되었다. 제2차 세계대전이 끝난 후, 다자주의의 중요성은 더욱 커졌다.

1945년에 창설된 유엔(UN)은 국제 평화와 안보를 유지하고, 인권 보호, 경제 발전, 사회 진보를 도모하기 위한 중심적인 다자 기구로 자리 잡았다. 유엔은 다자주의를 통해 국제 분쟁을 예방하고 해결하며, 인도적 위기를 관리하는 데 중요한 역할을 하고 있다. 국제통화기금(IMF), 세계은행(WB), 세계무역기구(WTO)와 같은 경제적 다자 기구들도 이 시기에 설립되었으며, 이를 통해 전 세계 국가들이 국제 경제 문제를 협력적으로 해결할 수 있는 기반이 마련되었다.

냉전 기간에도 다자주의는 중요한 역할을 했다. 미국과 소련이 주도하는 양극 체제하에서도 유엔을 중심으로 한 다자 기구들이 국제 문제에 대응하는 역할을 맡았으며, 핵 확산 방지 조약(NPT), 전략무기 제한 협정(SALT) 등의 다자 협정이 체결되었다. 이러한 협정들은 국제

사회에서 다자적 협력이 갈등 완화와 평화 유지에 기여할 수 있음을 보여주었다.

냉전이 종식된 후인 1990년대에는 다자주의가 새로운 전성기를 맞이했다. 소련 붕괴 이후 세계는 단일 초강대국(미국) 중심의 국제 질서를 구축하게 되었으며, 다자주의는 이러한 질서를 유지·관리하는 중요한 도구로 활용되었다. 특히, 세계무역기구(WTO)의 설립을 통해 다자적 경제 협력이 강화되었고, 유럽연합(EU)과 같은 지역적 다자주의 모델도 발전했다.

21세기에 들어서면서, 다자주의는 다양한 도전에 직면하게 되었다. 테러리즘, 기후변화, 글로벌 팬데믹과 같은 새로운 국제적 문제들이 대두되면서, 단일 국가의 대응만으로는 한계가 분명해졌다. 다자주의적 대응을 하게 하는 글로벌 이슈들이 점점 더 증가하면서, 국제사회는 더욱 협력적이고 포괄적인 대응 방안을 모색하게 되었다.

그러나 동시에 미국의 일방주의적 행보, 중국의 부상 등으로 인해 국제 다자주의 체제가 약화될 위기에 처하기도 했다. 특히 2016년 도널드 트럼프 행정부가 다자주의에 비판적 태도를 보이면서, 다자 협정에서 탈퇴하거나 이를 파기하는 사례가 늘어났다. 이에 따라 다자주의의 중요성은 더욱 부각되었지만, 그 실효성을 두고는 논의가 이어지고 있다.

▎다자주의의 적용 사례

시진핑은 2020년 3월 14일 문재인 대통령에게 코로나19와 관련 위로 전문을 보내 "감염병에는 전 세계가 동고동락하는 운명공동체"라고 전제하고 "중국이 힘닿는 데까지 한국의 방역을 돕겠다"라고 했다. 이에 앞서 두 정상은 전화 통화를 통해 양국의 코로나 19 임상 치료 경험을 공유하기로 합의했었다.

이에 따라 한중 양국 외교부와 방역 당국 등 관계 부처가 참석한 가운데 '한중 코로나 19 대응 방역 협력 대화(국장급)' 화상회의를 열어 양국 전문가들이 분야별 경험을 평가·공유하고, 방역·임상 정보 교류·방역물자 수급·기업인 활동 지원 등을 포함한 향후 협력 방안을 논의했다.

문재인 대통령과 시진핑 국가주석

2022년 1월 1일부로 일정한 구역 안에서의 포괄적경제동반자협정 (RCEP; Regional Comprehensive Economic Partnership)이 발효되면서 전 세계의 최대 인구, 최대 규모의 거대한 발전 잠재력을 지닌 자유무역구가 탄생했다. 이에 따라 회원국 간의 무관세 품목이 크게 증가하였으며, 무역 투자의 자유화와 편리화를 추진했다. 세계 경제의 회복이 더딘 상황에서 협정 회원 간의 자유로운 무역 교류는 지역경제 일체화를 추진하며 공동 발전과 번영을 촉진하고 있다. 이제 세계는 다자주의에 의한 글로벌 경제 거버넌스를 개선하기 위한 노력을 기울이고 있다.

포괄적경제동반자협정(RCEP)

2022년 2월 17일 강경화 외교부 장관은 뮌헨 안보 회의에 참석하여 "다자주의의 기초가 된 민주주의, 법치, 인권 등의 가치가 더는 서구만의 가치가 아닌 인류 보편적 가치"라며 다자주의 강화를 위한 한국의 역할과 기여 의지를 표명했다. 그는 이어 "지역 차원의 협력 메커니즘이 없는 한반도 및 동북아 지역이야말로 다자주의 정신이 가장 필요하며 한반도 평화 프로세스가 더디게 진전되지만, 지속적으로 추진하겠다"라고 밝혔다.

강경화 외교부 장관은 다자주의 실행의 한 예로 "한국은 비무장지대(DMZ)의 국제평화지대화 같은 다자 이니셔티브를 통해 한반도의 평화와 안전을 실질적으로 보장하기 위해 노력하고 있다"라고 소개하기도 했다. 이는 앞으로 양국의 보건 위생과 안전 분야 협력을 동북아, 더 나아가 전 세계로 확대하기 위한 다자주의적 접근이라고 할 수 있다.

강경화 외교부 장관

2022년 10월 22일 안토니우 구테흐스 유엔 사무총장은 베트남의 하노이를 방문해서 베트남 통치자들과 다자주의 강화를 위해 협력하기로 했다. 구테흐스 사무총장은 전날인 10월 21일 베트남의 수드인 하노이에서 응우옌 쑤언 푹 베트남 국가주석과 회담을 열고 "앞으로 예측할 수 없는 세계 정치와 안보 상황에서 유엔을 중심으로 다자주의를 더욱 강화해나가자"라고 합의하였다. 그리고 유엔과 베트남은 연대와 협력, 국제법 준수의 필요성도 강조하였다. 또한 유엔과 아세안(동남아국가연합)의 관계를 더 증진하고 지역 문제를 해결해야 한다는 데 뜻을 같이했다.

안토니우 구테흐스 유엔 사무총장

같은 날(2022년 10월 22일) 중국 공산당 제20차 전국대표대회(당대회)가 베이징에서 성공적으로 폐막되었다. 당대회는 중국식 현대화로 중화민족의 위대한 부흥을 전면적으로 추진하는 밝은 미래를 세계에 제시하고, 중국이 새로운 시대에도 이전과 마찬가지로 대외 개방과 협력을 심화하고 세계 평화와 발전을 촉진한다는 강력한 메시지를 전달했다. 이처럼 세계는 다자주의를 표방하고 있으며, 빠르게 연계해 나가고 있다.

중국 공산당 제20차 전국대표대회

| 다자주의의 현대적 의의

오늘날 다자주의는 기후변화, 세계 보건, 무역, 핵무기 비확산과 같은 글로벌 문제 해결에 중요한 접근 방식으로 자리 잡고 있다. 국제사회는 다자주의를 통해 공동의 문제를 해결하고, 국제 규범을 정착시키며, 국가 간 신뢰와 협력을 증진할 수 있다. 다자주의가 없었다면 개별 국가가 독자적으로 해결할 수 없는 문제가 많을 것이며, 특히 개발도상국들은 국제사회에서 발언권을 확보하기 어렵다.

주요 다자주의의 기구와 협정을 보면 다음과 같다.

- **유엔(UN):** 평화와 안보, 인권, 개발 등 전방위적 다자 협력을 추구하는 가장 중요한 국제기구.

- **세계무역기구(WTO):** 다자 무역 규범을 관리하며, 회원국 간의 상호 이익을 기반으로 하는 무역 질서를 구축.
- **세계보건기구(WHO):** 국제 보건 문제를 해결하기 위한 다자 협력 기구로, 전염병 대응과 공중 보건 향상에 중요한 역할을 담당.
- **G20:** 세계 주요 경제국들이 모여 국제 경제 문제를 다루는 다자적 회의체.
- **파리기후협정:** 기후변화 대응을 위해 체결된 다자 협정으로, 온실가스 감축을 목표로 전 세계 국가들이 참여.
- 다자주의는 미래에도 국제사회의 평화와 안정, 지속 가능한 발전을 위해 필수적인 외교 전략으로 남을 것이다.

| 다자주의에 의한 한중 관계

시진핑의 다자주의는 중국 외교 정책의 핵심 전략 중 하나로, 중국이 국제사회에서 영향력을 확장하고 다극화된 세계 질서를 지향하는 구상이다. 중국은 미국 중심의 세계 질서에 도전하며, 다자주의를 통해 경제, 안보, 외교 등 다양한 분야에서 다자 간 협력을 촉진하고 있다. 시진핑의 다자주의는 특히 유엔(UN), 세계무역기구(WTO), 상하이협력기구(SCO), BRICS, 그리고 G20 등 국제기구에서 중국의 영향력을 강화하고, 국제 문제의 해결에 중국의 역할을 확대하려는 목적을 담고 있다.

한중 관계에서도 시진핑의 다자주의는 중요한 역할을 하고 있다. 다자주의 틀 안에서 한국과 중국은 경제적 협력, 지역 안보, 국제적 이슈 해결을 위해 협력할 수 있는 다양한 가능성을 모색하고 있다. 이러한 다자주의에 의한 한중 관계의 주요 요소는 다음과 같다.

한중 경제 협력과 다자 무역 체제

시진핑은 다자주의를 통해 자유무역과 글로벌화의 지속을 지지하고 있으며, 이는 한중 경제 관계에 긍정적인 영향을 미쳤다. 한국과 중국은 모두 세계무역기구(WTO)와 아시아태평양경제협력체(APEC)의 회원국으로서, 다자 무역 체제 내에서 자유무역과 상호 경제 협력을 지지하고 있다.

예를 들어, RCEP(역내포괄적경제동반자협정)은 아시아 지역의 다자 무역 체제를 강화하는 협정으로, 한중 간의 경제적 협력을 증진하는 중요한 다자주의적 틀이다. 2020년에 체결된 RCEP은 한국, 중국을 포함한 15개 국가 간의 세계 최대의 자유무역 협정으로, 이 협정을 통해 한중 간의 무역 장벽이 더욱 낮아지고 경제적 협력이 촉진되고 있다.

동북아시아 지역 안보와 다자주의

시진핑의 다자주의는 동북아시아 지역에서도 중요하다. 특히 한반도 문제와 관련하여 다자주의를 통한 외교적 해결 방안을 모색하고 있다. 중국은 6자 회담(한국, 북한, 중국, 일본, 러시아, 미국)과 같은 다자 간의 대화를 통해 한반도 비핵화를 추구하며, 지역 내의 안정과 평화를 유지하는 데 중요한 역할을 하고자 한다.

한국과 중국은 북핵 문제 해결을 위한 다자적 틀 내에서 협력할 수 있으며, 특히 시진핑은 한반도 비핵화를 위한 국제 협력의 필요성을 강조하고 있다. 중국은 다자주의적 접근을 통해 미국의 일방적인 대응에 반대하며, 한중 간의 안보 협력도 이러한 다자적 틀에서 강화될 수 있다.

기후변화와 글로벌 거버넌스에서의 협력

시진핑의 다자주의는 기후변화와 같은 글로벌 이슈에서도 중요한 역할을 하고 있으며, 이는 한중 협력의 새로운 장을 열고 있다. 한국과 중국은 모두 파리기후협정의 당사국으로서 기후변화 대응을 위한 다자적 협력에 동참하고 있다.

시진핑은 기후변화 문제를 해결하기 위해 다자주의를 통한 국제 협력을 강조하고 있으며, 중국은 세계 최대 온실가스 배출국으로서 그 책임을 인정하면서도, 신흥 경제국의 개발 권리를 존중받아야 한다고 주장한다. 한국은 2050년 탄소 중립 목표를 선언하며, 중국과 함께 재생 에너지, 친환경 기술, 녹색경제 분야에서 협력할 수 있는 가능성을 열어두고 있다.

이러한 다자적 기후 협력은 한중 관계에서의 새로운 협력 모델이 될 수 있으며, 양국은 공동의 환경 목표를 달성하기 위해 협력하고, 동시에 국제사회에서 기후변화 대응을 위한 리더십을 발휘할 수 있다.

다자주의와 글로벌 보건 협력

코로나19 팬데믹은 전 세계적으로 다자주의를 통한 글로벌 보건 협력의 중요성을 부각했다. 시진핑은 세계보건기구(WHO)에서 다자주의를 통한 팬데믹 대응을 강조하며, 중국의 역할을 국제사회에 적극적으로 알렸다. 한국과 중국은 코로나19 팬데믹 시기에 방역 조치 및 백신 개발 분야에서 협력했고, 이는 다자주의적 대응의 한 예로 볼 수 있다.

앞으로도 한중 양국은 다자적 보건 협력 체제를 통해 공중 보건 위협에 대응하며, 글로벌 차원에서의 협력을 강화할 수 있을 것이다.

다자 기구에서의 공동 활동

한중 양국은 다양한 국제기구에서 함께 활동하며, 다자주의적 틀을 바탕으로 한 협력 가능성을 확대하고 있다. 예를 들어, 유엔(UN) 차원의 협력은 양국이 국제 문제를 해결하기 위해 마련한 중요한 장이기도 하다. 중국은 유엔 안보리 상임이사국으로서, 그리고 한국은 UN과 여러 다자적 플랫폼에서 평화 유지, 개발 협력, 인권 보호 등의 분야에서 협력하고 있다.

또한, G20을 비롯한 국제 경제 협력체에서도 양국은 경제적 협력을 강화하고, 다자주의를 통해 글로벌 문제의 해결을 도모하고 있다. 시진핑은 G20과 같은 다자 기구를 통해 미국의 일방적 영향력에 대항하고, 개발도상국들의 목소리를 반영하는 새로운 세계 질서를 구축하려고 노력하고 있다.

시진핑의 다자주의는 한중 관계에 긍정적인 영향을 미치고 있으며, 특히 경제, 안보, 기후변화, 보건 등의 분야에서 협력을 증진할 수 있는 중요한 틀을 제공한다. 한국과 중국은 다자주의를 통해 양국의 이익을 조화시키고, 미국 중심의 세계 질서 속에서 균형을 잡아가는 협력 모델을 만들어가고 있다.

그러나 한중 관계에는 다자주의가 제공하는 기회와 도전이 동시에 존재한다. 한국은 중국과의 경제적 협력과 미국과의 안보 동맹 사이에서 균형을 유지해야 하며, 다자주의적 틀 안에서 어떻게 협력을 강화할지에 대해 신중하게 접근해야 한다.

Chapter 4

공동부유 리더십

시진핑의 '공동부유(共同富裕)' 리더십은 중국 정부가 추구하는 중요한 정책 방향 중의 하나로, 경제적 불평등을 해소하고 모든 국민이 경제성장의 혜택을 누릴 수 있도록 하는 것을 목표로 한다. 시진핑이 제시한 '공동부유'는 중국 내에서 빈부 격차를 줄이고, 경제적 불평등을 해결하며, 더 공정한 부의 분배를 촉진하려는 국가 전략이다. 이는 시진핑의 '중국몽' 비전과 밀접하게 연결되어 있으며, 중국 사회의 안정과 지속 가능한 발전을 위한 핵심 전략으로 자리 잡고 있다. 다음은 공동부유 리더십의 주요 요소와 특징이다.

공동부유는 모든 사회 구성원이 경제적 혜택을 공유하고, 빈부 격차를 줄여 사회적 불평등을 해소하는 것을 의미한다. 이는 단순히 경제성장에 초점을 맞추는 것이 아니라, 사회적 복지와 공정한 기회를 보장하는 방향으로 나아가고자 하는 의도를 담고 있다. 경제적 불평등이 사회적 갈등을 유발할 수 있다는 인식하에, 공동부유는 사회적 안정성을 유지하는 중요한 수단으로 작용하고 있다.

공동부유 리더십은 조직 구성원이 모두 함께 성장하고 성공을 공유하는 것을 목표로 하는 리더십 방식이다. 이는 단순히 물질적인 부를 나누는 것을 넘어, 조직 구성원들의 잠재력을 최대한 발휘하고, 조직의 지속 가능한 성장을 도모하는 것을 의미한다.

▌공동부유 리더십의 배경

공동부유 리더십이 탄생한 배경을 보면 다음과 같다.

첫째, 중국은 개혁개방 이후 경제가 급격하게 성장했지만, 이 과정에서 빈부 격차도 크게 확대되었다. 도심과 농촌 간의 경제적 격차, 연안 지역과 내륙 지역 간의 발전 차이, 부유층과 저소득층 간의 소득 불균형이 심각한 수준에 이르렀다. 이에 따라 사회적 불만이 커졌으며, 중국 사회 내부의 안정성이 위협받는 상황에 직면하게 되었다.

둘째, 사회적 불안정과 정치적 위험을 극복하기 위한 리더십이 필요하였다. 경제적 불평등은 종종 사회적 불안정으로 이어지며, 이는 중국 공산당에 대한 신뢰에 영향을 미칠 수 있다. 특히, 시진핑 정부는 중국의 사회적 안정과 공산당의 정치적 통치 정당성을 강화하는 데 중점을 두고 있다. 불평등 문제를 해결하지 않으면 정치적·사회적 갈등이 심화되어 당의 통치에 위협이 될 수 있다는 우려가 있었다.

셋째, 중산층 확대와 소비 중심 경제로의 전환이 필요하였다. 중국 경제는 제조업과 수출 중심에서 소비 중심 경제로 전환해야 할 필요성이 대두되었다. 그러나 대다수의 중국인에게 부의 축적이 제한되어 있는 상태에서는 내수 활성화가 어려웠다. 따라서 중산층을 확대하고, 이들이 경제 활동에 적극적으로 참여하도록 하기 위한 정책으로 '공동부유'가 중요하게 부각되었다. 이는 궁극적으로 내수 소비를 촉진하고 경제의 지속 가능한 발전을 도모하기 위한 전략으로 작용했다.

넷째, 부유층과 대기업에 대한 규제 강화가 필요하였다. 부유층과 대기업들이 중국 경제에 큰 영향을 미치고 있으나, 이들에 대한 사회적 책임과 공평한 분배에 대한 요구가 커졌다. 특히, 대형 IT 기업들이 독점적 지위를 갖고 사회에 큰 영향력을 행사하면서, 정부는 이러한 기업들의 영향력을 제한하고 경제적 균형을 맞추어야 할 필요성을 느꼈다. '공동부유' 정책은 부유층에게 더 많은 기여를 요구하고, 대기업들에 대한 규제를 강화함으로써 경제적 자원을 재분배하려는 목표도 담고 있다.

다섯째, 사회주의 이념을 재강조하고자 하였다. 시진핑은 중국 특색의 사회주의를 강조하며, '공동부유'가 중국식 사회주의의 핵심 가치를 구현하는 것이라고 주장했다. 이는 부의 집중을 억제하고 더 공정한 사회를 만드는 것이 공산당 통치의 중요한 목표임을 재차 확인한 것이다. 시진핑은 자본주의적 요소가 도입된 이후 발생한 불평등과 경제적 불균형을 바로잡고, 다시 사회주의적 가치를 강조하는 방향으로 정책을 이끌고 있다.

| 공동부유 리더십의 핵심 가치

시진핑이 제시한 공동부유(共同富裕) 리더십의 핵심 가치는 경제적 불평등을 완화하고, 모든 사회 계층이 고르게 번영하는 공정한 경제 분배를 실현하는 데 중점을 두고 있다. 이는 단순한 경제성장에서 나아가 사회의 포용성과 지속 가능성을 강조하는 중국 정부의 주요 철학이다. 다음은 공동부유 리더십의 핵심 가치를 구성하는 주요 요소들이다.

포용적 성장(Inclusive Growth)

공동부유는 중국 내의 모든 계층이 경제성장의 혜택을 고르게 누릴 수 있도록 하는 것을 목표로 한다. 이는 저소득층, 농촌 지역 주민, 내륙 지역 사람들이 경제 발전에서 소외되지 않도록 포용적 경제 구조를 형성하는 것을 뜻한다. 시진핑은 이를 통해 중산층을 확대하고, 경제적 기회가 공평하게 제공되도록 하는 것을 중요시하고 있다.

경제적 형평성(Economic Equity)

시진핑의 공동부유 정책은 단순한 경제적 성장을 넘어 경제적 형평성을 실현하려는 의지가 담겨 있다. 이는 부의 과도한 집중을 방지하고, 불균형적인 자원의 분배를 바로잡으려는 시도로, 부유층과 대기업이 사회적 책임을 다하며 경제적 불평등을 줄이도록 유도하는 것이다. 시진핑은, "공동부유가 모두가 부자가 되자는 것"이지 부자를 없애자는 것이 아니다"라는 점을 강조하고 있다.

사회적 정의와 공평성(Social Justice and Fairness)

공동부유는 경제적 기회뿐 아니라, 교육, 의료, 주택 등 사회적 자원에 대한 접근성도 공정하게 제공되어야 한다는 사회적 정의의 가치를 담고 있다. 이를 통해 빈부 격차를 줄이고, 더 공평한 기회를 제공하는 사회를 지향하고 있다. 중국 정부는 이를 위해 사회보장 제도를 강화하고, 공공 서비스의 균형적 배분을 중요시하고 여기고 있다.

조화로운 사회(Harmonious Society)

시진핑은 '조화로운 사회'를 구축하는 것이 공산당의 핵심 목표 중 하나라고 강조한다. 공동부유 정책은 부의 불균형이 사회적 갈등을 초래하지 않도록 하여 사회 전반의 조화를 이루는 데 기여하고자 한다. 경제적 불평등이 심화되면, 사회적 긴장과 불안정이 초래될 수 있기 때문에 이를 미연에 방지하고 사회 통합을 이루려는 목표를 담고 있다.

사회주의 이념의 강화(Strengthening of Socialist Ideals)

공동부유는 시진핑의 리더십하에서 중국 특색 사회주의의 기본 가치를 강화하려는 노력의 하나다. 시진핑은 중국 사회주의의 핵심이 "모두가 함께 부유해지는 것'이라고 주장하며, 자본주의적 시장 경쟁에서 발생하는 과도한 불평등을 바로잡으려 한다. 이는 부와 자원의 집중을 억제하고, 더 평등한 사회를 만들려는 사회주의적 가치에 기초한다.

지속 가능한 발전(Sustainable Development)

공동부유 정책은 장기적으로 중국 사회와 경제가 지속 가능하게 발전할 수 있도록 기반을 마련하는 것을 목표로 한다. 경제성장만을 목표로 삼기보다는, 사회적 안정과 환경적 지속 가능성, 그리고 국민의 생활 수준 향상에 중점을 두는 발전 전략이다. 이를 통해 장기적인 경제 번영과 환경 보호, 사회적 조화를 추구한다.

부유층과 대기업의 사회적 책임(Corporate Social Responsibility)

공동부유는 부유층과 대기업들이 자신들의 경제적 성공을 통해 사회에 더 크게 이바지하도록 만드는 정책이다. 이는 기부나 공공 프로젝트 지원을 통해 사회적 책임을 다하도록 유도하며, 부의 재분배를 촉진한다. 중국 정부는 이러한 방식으로 경제적 자원을 좀 더 고르게 분배하고, 빈부 격차를 해소하려 하고 있다.

결론적으로, 시진핑의 공동부유 리더십의 핵심 가치는 경제적 형평성, 사회적 공정성, 포용적 성장, 지속 가능한 발전을 기반으로 하고 있으며, 이를 통해 중국 사회의 안정과 조화를 유지하고, 모두가 함께 번영하는 미래를 지향하고 있다.

┃ 공동부유 리더십의 특징

시진핑의 공동부유 리더십은 중국 사회 내의 경제적 불평등을 줄이고, 더욱 공정한 분배 구조를 통해 모든 계층이 번영하는 것을 목표로 한다. 이 정책은 시진핑이 주도한 사회주의적 이상을 반영하면서도 중국 경제의 발전 방향을 재설정하는 중요한 이정표로 여겨진다. 공동부유 리더십의 주요 특징은 다음과 같다.

부의 재분배 강조

공동부유 리더십의 핵심은 부의 재분배다. 경제적 성장을 통해 누적된 부가 소수의 사람들에게 집중되는 것을 막고, 부유층과 대기업이 더 큰 사회적 책임을 다하도록 요구한다. 중국 정부는 세제 개편, 부유층의 기부 장려, 사회적 공헌 사업을 통해 부의 재분배를 촉진하고 있다.

사회적 형평성 및 공평성의 강화

경제적 형평성을 강화하는 것이 공동부유의 중요한 목표이다. 시진핑 정부는 저소득층과 중산층이 더 나은 삶을 살 수 있도록 기회를 제공하고, 도시와 농촌 간의 격차를 줄이는 데 중점을 둔다. 이를 통해 교육, 의료, 주거, 취업 등 기본적인 삶의 조건에 대한 공평한 접근성을 보장하고자 한다.

부유층과 대기업에 대한 규제

공동부유 리더십하에서는 부유층과 대기업에 대한 규제와 사회적 책임이 강화된다. 시진핑은 대기업, 특히 IT와 부동산 부문에서 독점적 위치를 차지한 기업들에 대한 통제를 강화하고, 이러한 기업들이 사회적 기여를 통해 빈부 격차 해소에 적극적으로 참여하도록 요구한다. 이는 독점 방지와 자원의 고른 분배를 위한 전략으로 사용된다.

중산층 확대

시진핑은 중국 경제가 안정적으로 발전하기 위해서는 중산층의 확대가 필수적이라고 강조한다. 중산층이 늘어나면 소비가 증가하고, 경제의 지속 가능한 성장이 가능해진다. 공동부유는 이를 위해 중산층에게 더 많은 경제적 기회를 제공하고, 그들의 경제적 안정을 도모하는 정책이다. 이러한 정책은 내수 확대와 연관되어 있으며, 이는 중국의 경제 발전 전략의 중요한 부분이다.

지역 간의 불균형 해소

공동부유 정책은 지역 간 불균형 해소에도 중점을 둔다. 중국의 연안 지역은 경제적으로 발달했지만, 내륙 및 농촌 지역은 발전이 더뎠다. 공동부유는 내륙과 농촌 지역에 더 많은 자원을 투입하고, 인프라를 개선하며, 경제적 기회를 창출하는 것을 목표로 한다. 이를 통해 지역 간의 균형 발전을 추구한다.

공공 서비스 확충

시진핑 정부는 공동부유 실현을 위해 공공 서비스의 질을 높이고, 접근성을 강화하는 정책을 추진하고 있다. 특히 교육, 의료, 주거 지원 등과 같은 기본적인 공공 서비스에 더 많은 투자를 하고, 이를 통해 모든 국민이 혜택을 골고루 누릴 수 있도록 하고 있다.

기술 혁신과 자급자족

공동부유 정책은 기술 혁신과 자급자족을 통해 경제적 발전을 도모한다. 중국은 기술 자립을 강화하고, 글로벌 경제에서의 경쟁력을 높이기 위해 첨단 기술 산업에 대한 투자를 확대하고 있다. 이를 통해 경제성장의 과실을 공평하게 분배하고, 중국 경제의 안정적 성장을 지속하려는 목표를 지니고 있다.

사회주의 이념의 재강조

시진핑의 공동부유 정책은 사회주의 이념을 재강조하는 측면이 있다. 이는 자본주의적 경제 모델에서 발생한 과도한 불평등을 해소하고, 중국 특색의 사회주의 체제하에서 더욱 평등한 사회를 추구하려는 목표다. 시진핑은 공동부유가 공산당의 통치 정당성을 강화하고, 사회주의적 가치를 실현하는 중요한 전략이라고 주장한다.

장기적인 경제성장 전략

공동부유 리더십은 단기적인 성과에 그치지 않고 장기적인 경제성장과 사회 안정성 확보를 목표로 한다. 이는 경제적 성장과 사회적 불평등 문제를 함께 해결하면서 중국의 지속 가능한 발전을 도모하려는 정책이다. 경제성장률이 둔화하는 흐름 속에서, 양적 성장보다는 질적 성장을 추구하는 데 중점을 둔다.

시진핑 개인의 정치적 통제력 강화

공동부유는 시진핑의 리더십하에서 중국 사회에 대한 정치적 통제를 강화하는 수단으로도 작용하고 있다. 특히, 반부패 운동과 결합되어 당과 국가의 주요 자원에 대한 시진핑의 영향력을 강화하는 역할을 한다. 이를 통해 정치적 안정성을 유지하고, 당의 통치 정당성을 공고히 하려는 전략이다.

공동부유 리더십은 부의 재분배, 사회적 형평성, 부유층과 대기업 규제, 지역 간 불균형 해소 등을 통해 경제적 불평등을 완화하고 중국 사회의 안정과 조화를 추구하는 정책이다. 시진핑의 이러한 리더십은 장기적으로 중국 경제의 질적 성장을 도모하면서, 동시에 사회주의적 가치를 강조하는 정책으로 자리 잡고 있다.

공동부유 리더십은 단순히 이론적인 개념이 아니라, 조직의 성공적인 미래를 위한 필수적인 요소다. 공동부유 리더십을 실천하기 위해서는 리더가 끊임없이 노력하고 구성원들이 적극적으로 참여해야 한다. 함께 성장하고, 함께 성공하는 조직 문화를 만들어 나가는 데는 공동부유 리더십이 반드시 필요하다.

시진핑의 공동부유 리더십은 경제적 불평등 해소와 사회적 안정을 추구하는 중요한 정책으로, 중국의 지속 가능한 발전을 위한 핵심 전략이다. 이는 경제적 성장뿐만 아니라, 사회적 책임과 윤리적 가치의 회복을 통해 모든 국민이 경제적 혜택을 공유하도록 하는 방향으로 나아가고 있다. 그러나 이러한 목표를 달성하기 위해서는 여러 도전 과제를 극복해야 하며, 정치적·사회적 방법을 동원해야 할 것이다.

ㅣ 공동부유의 경제 정책 및 조치

시진핑의 공동부유 정책은 중국 내의 경제적 불평등을 줄이고 모든 국민이 경제성장의 혜택을 누릴 수 있도록 하는 것을 목표로 한다. 이 정책은 사회적 안정과 지속 가능한 발전을 위한 전략으로, 다양한 경제 정책과 조치를 포함하고 있다. 다음은 공동부유를 실현하기 위한 주요 경제 정책 및 조치다.

세제 개편

정부는 고소득자에 대한 세금 비율을 높이고, 부유층의 세금을 강화하여 국가의 재원을 확보하고 이를 저소득층 지원에 활용하고자 한다. 이는 불평등 해소를 위한 재정적 기반을 마련한다.

상속세 및 재산세를 도입하거나 강화하여 부의 집중을 억제하고, 더욱 공정한 세금 체계를 구축하는 방안을 모색하고 있다.

사회 복지의 확대

정부는 의료와 교육 분야의 예산을 늘리고, 모든 국민이 기본적인 의료 서비스와 교육을 받을 수 있도록 하는 정책을 추진한다. 이는 국민의 생활 수준을 높이고, 사회적 불평등을 해소하는 데 기여한다.

그리고 저소득층과 중산층을 위한 주택 공급 확대 및 주택 가격 안정화를 위한 정책을 추진하여, 모든 국민이 안정적인 주거 환경을 갖출 수 있도록 한다.

중소기업 및 창업 지원

중소기업과 스타트업에 대한 금융 지원을 확대하고, 저금리 대출을 제공하여 기업의 성장을 촉진하고 일자리를 창출한다. 그리고 창업 지원 프로그램 및 인큐베이터 센터를 통해 창의성과 혁신을 촉진하고, 중소기업의 발전을 도모한다.

노동 시장의 개혁

최저임금을 인상하여 저소득 노동자들의 소득 수준과 생활 수준을 높이는 방향으로 정책을 추진하고 있다. 그리고 고용 안정을 위한 정책을 마련하여 실업률을 낮추고, 모든 국민이 안정된 일자리를 유지할 수 있도록 한다.

소비 촉진

소비를 촉진하기 위해 정부는 세금 감면, 소비 쿠폰 배포 등의 정책을 통해 내수 시장을 활성화하려고 한다. 그리고 지역 경제를 발전시키고, 소외된 지역의 경제성장을 촉진하기 위해 지방 정부에 대한 지원을 확대한다.

디지털 경제 및 기술 혁신

디지털 경제의 발전을 위해 인프라 구축에 투자하고, 기술 혁신을 통해 생산성을 높이며, 경제 전반에 긍정적인 영향을 미치도록 한다. 그리고 농촌 지역 및 저소득층을 위한 디지털 기술 접근성을 높여 정보 격차를 줄이고, 경제적 기회를 제공하는 방향으로 나아간다.

공동부유 정책은 중국의 경제 구조를 개선하고, 사회적 불평등을 해소하기 위한 포괄적인 전략이다. 세제 개편, 사회 복지 확대, 중소기업 지원, 노동 시장 개혁, 소비 촉진, 디지털 경제 육성 등 다양한 조치를 통해 모든 국민이 경제성장의 혜택을 누릴 수 있도록 하는 데 중점을 두고 있다. 이러한 정책은 경제적 안정성과 지속 가능한 발전을 위한 기반을 마련하고 있으며, 앞으로의 실천이 중요한 도전 과제가 될 것이다.

▎ 공동부유의 사회적 가치

시진핑의 공동부유 정책은 단순히 경제적 불평등을 해소하는 것에 그치지 않고, 사회적 가치와 윤리를 강조하는 방향으로 나아가고 있다. 이는 중국 사회의 통합과 안정, 그리고 모든 시민이 경제적 혜택을 공유하는 문화를 조성하기 위한 노력의 하나다. 다음은 공동부유의 사회적 가치 강조에 대한 주요 요소들이다.

사회적 책임

공동부유는 모든 개인과 기업이 사회적 책임을 다해야 한다고 강조한다. 이는 기업이 이윤을 추구하는 것뿐만 아니라, 사회와 환경에 대한 책임을 함께 고려해야 한다는 의미다. 그리고 고소득층과 대기업이 자선 활동과 지역 사회 기여를 통해 공동체에 대한 책임을 다하도록 유도하는 정책이 마련되고 있다.

공정한 기회의 제공

공동부유는 모든 국민이 동등한 교육 기회를 누릴 수 있도록 보장하는 방향으로 나아간다. 교육은 사회적 이동성을 높이는 중요한 수단으로, 이를 통해 개인의 능력이 발휘되고, 사회적 불평등이 해소된다.

그리고 사회적 가치의 핵심은 모든 국민이 경제적 기회를 동등하게 누릴 수 있도록 하는 것이다. 이를 위해 고용 기회를 확대하고, 직업 훈련 프로그램을 제공하여 다양한 계층의 사람들이 일할 수 있는 환경을 조성한다.

사회적 연대감

공동부유는 사회적 연대감과 공동체 의식을 강조한다. 이는 시민들이 서로를 지지하고, 협력하는 문화를 조성하는 데 기여한다. 그리고 공동부유는 사회적 약자와 불우한 이웃을 지원하는 것을 중시하며, 이러한 지원을 통해 사회적 연대감을 강화하고, 국민 간의 유대 관계를 강화하는 것을 목표로 한다.

도덕적 가치의 회복

공동부유는 물질적 풍요뿐만 아니라 윤리적 가치를 중시한다. 이는 가족, 존중, 신뢰, 상호 협력 등의 가치를 회복하고 강화하는 방향으로 나아간다. 그리고 교육 시스템에서 도덕적 가치와 사회적 책임을 강조하여, 젊은 세대가 올바른 가치관을 갖출 수 있도록 하는 노력을 기울이고 있다.

사회적 참여 및 민주적 의사결정

공동부유는 시민들이 정책 결정 과정에 참여할 수 있는 기회를 확대하여 사회적 요구를 반영하고, 정책의 공정성을 높이는 방향으로 나아간다. 그리고 시민들의 목소리가 정책에 반영되도록 하여, 공정하고 민주적인 사회를 구축하려고 한다.

공동부유의 사회적 가치 강조는 경제적 불평등을 해소할 뿐만 아니라, 모든 국민이 공정한 기회를 누리고, 서로를 지지하며, 도덕적 가치를 회복하는 방향으로 나아가고자 하는 시진핑 정부의 의지를 반영한다. 이는 중국 사회의 통합과 안정성을 높이는 데 기여하며, 모든 국민이 경제성장의 혜택을 공유할 수 있는 기반을 마련한다. 이러한 사회적 가치 강조는 공동부유 정책의 실현 가능성을 높이는 중요한 요인으로 작용할 것이다.

공동부유론을 발표하는 시진핑

| 공동부유의 문화적·윤리적 측면

공동부유(共同富裕) 정책은 경제적 불평등을 해소하고 모든 국민이 경제성장의 혜택을 공유하는 것을 목표로 하는 것 외에도, 문화적·윤리적 측면에서 중요한 의미를 지니고 있다. 시진핑 정부는 공동부유를 통해 사회의 통합과 도덕적 가치를 회복하려는 노력을 기울이고 있다. 다음은 공동부유의 문화적·윤리적 측면에 대한 주요 요소들이다.

문화적 부흥

공동부유 정책은 중국의 전통문화와 윤리를 재조명하고, 이를 현대 사회에 적용하려는 노력을 포함한다. 이는 국민이 전통적인 미덕과 가치를 배우고, 이를 통해 공동체의 유대를 강화하도록 유도한다. 그리고 시진핑 정부는 문화 콘텐츠의 생산과 소비를 장려하여 문화산업을 발전시키고, 이를 통해 사회적 정체성을 정립하고 자부심을 높이려고 한다. 이러한 문화산업은 지역 경제의 발전에도 기여할 수 있다.

도덕적 가치 강화

공동부유는 개인과 기업이 모두 도덕적 가치를 지키고, 사회적 책임을 다하도록 유도한다. 이는 자선 활동과 공공 서비스 참여를 장려하여, 사회적 신뢰 관계를 구축하는 데 기여한다. 그리고 가족 중심의 사회적 가치관을 강조하여, 가족 간의 유대와 지원을 통해 사회의 안정성을 높이고, 공동체 의식을 함양한다.

사회적 연대와 협력

공동부유는 모든 국민이 서로를 지지하고 협력하도록 장려한다. 이는 사회적 연대감을 높이고, 국민이 공동의 목표를 향해 나아가도록 하는 데 기여한다. 그리고 지역 사회 내에서의 협력과 연대의 가치를 강조하여, 다양한 사회적 계층 간의 이해와 존중을 증진하고자 한다.

사회적 책임

기업들이 이윤 추구 외에도 사회적 책임을 다하도록 유도하는 정책이 마련되고 있다. 이는 기업이 지역 사회와 환경에 긍정적인 영향을 미치도록 하는 데 중점을 둔다. 그리고 고소득층과 대기업이 자선 및 공공 서비스에 적극적으로 참여하도록 장려하여, 공동체에 대한 기여를 강조한다.

교육 및 가치관 형성

교육 시스템에서 도덕적 가치와 사회적 책임을 강조하여, 젊은 세대가 올바른 가치관을 갖출 수 있도록 하는 노력을 기울인다. 이는 장기적으로 사회의 도덕적 수준을 높이는 데 기여한다. 그리고 지역 사회와 학교에서 문화와 역사에 대한 교육 프로그램을 운영하여, 국민이 자신의 정체성과 가치를 인식하고 존중하도록 한다.

공동부유의 문화적·윤리적 측면은 경제적 불평등 해소를 넘어, 사회적 통합과 도덕적 가치 회복을 목표로 한다. 전통문화의 가치 재조명, 윤리적 행동 장려, 사회적 연대 및 협력 촉진, 기업의 사회적 책임 강조, 도덕 교육 강화 등을 통해 공동부유 정책은 모든 국민이 공정하고 안정적인 사회에서 살아갈 수 있도록 하는 기반을 마련하고자 한다. 이러한 문화적·윤리적 측면은 공동부유 정책의 성공적인 실현을 위한 중요한 요인으로 작용할 것이다.

Chapter 5

쌍순환 정책

쌍순환 정책(Dual Circulation Strategy, 双循环)은 중국의 경제 정책으로, 국내외의 경제 활동을 통합하여 지속 가능한 성장을 실현하고자 하는 전략이다. 이 정책은 2020년 5월 시진핑이 중국의 새로운 발전 구도를 제안하면서 강조되었다.

쌍순환 정책은 미중 무역 갈등으로 인한 글로벌 공급망의 불안정성과 중국 경제성장에 대한 불확실성 그리고 코로나19 팬데믹으로 인한 세계 경제의 침체로 중국 경제가 큰 타격을 입은 상황에서 만들어졌다. 중국 정부는 이러한 위기에 대응하여 내수 시장을 확대하고, 국내 산업의 경쟁력을 강화하여 외부 환경 변화에 대한 의존도를 낮추고자 했다.

쌍순환 정책의 궁극적인 목표는 경제의 지속 가능성을 높이고, 기술 혁신을 촉진하며, 공급망의 안정성을 강화하는 것이다. 또한, 이는 외부 충격에 대한 저항력을 키우고, 경제 구조의 고도화를 통해 더 많은 부가 가치를 창출하는 방향으로 나아가고자 하였다.

| 쌍순환 정책의 배경

쌍순환 정책은 시진핑의 주도 아래 중국 경제 전략의 전환을 의미하는 중요한 정책이다. 이 정책의 목표는 중국 경제의 내수(국내 소비)와 외수(국제 교역) 사이의 균형을 맞추어 지속 가능한 경제성장을 도모하는 것이다. 쌍순환 전략이 등장하게 된 배경에는 여러 가지 국내외 요인이 작용했다.

글로벌 경제의 변화와 보호주의 확산

쌍순환 정책의 가장 중요한 배경 중 하나는 국제 경제 환경의 변화다. 특히 미국을 중심으로 한 무역 보호주의와 글로벌화의 후퇴가 두드러졌다. 도널드 트럼프 행정부 시절, 미중 무역 전쟁이 격화되면서 중국에 대한 무역 제재가 강화되었다. 이는 중국의 수출 주도형 경제에 큰 타격을 입혔고, 중국은 더는 외부 수요에만 의존할 수 없다는 인식을 하게 되었다.

글로벌 공급망의 불안정성, 특히 코로나19 팬데믹과 같은 위기 상황은 이러한 문제를 더욱 악화시켰다. 중국은 이러한 국제적 불확실성 속에서 내수를 강화하고, 국제적인 충격에 더 잘 대응할 수 있는 경제 체제를 구축할 필요성을 절감하게 되었다.

중국의 경제성장 둔화

중국은 개혁개방 이후 수십 년간 높은 경제성장률을 유지해 왔지만, 최근 몇 년간 경제성장률의 둔화가 뚜렷해졌다. 중국의 인건비 상승, 산업 구조의 변화, 내수 시장의 한계 등으로 과거와 같은 고도 성장세를 유지하기가 어려워졌다. 특히 전통적인 수출 중심의 성장 모델은 더는 지속 가능하지 않다는 인식이 확산되었다.

경제성장이 둔화되면서 중국은 경제 모델 전환을 고민하게 되었고, 더 이상 외부 시장에 의존하지 않고 내수를 강화하는 방향으로 전환해야 한다는 필요성이 커졌다.

기술 패권 경쟁과 자급자족의 필요성

쌍순환 정책이 등장한 또 다른 배경은 미국과의 기술 패권 경쟁이다. 미국은 중국의 기술 성장을 억제하기 위해 반도체, 인공지능, 5G 등 첨단 기술 분야에서 제재를 가했으며, 이는 중국이 외부 기술에 의존하는 문제점을 부각하였다.

이에 대응해 중국은 기술 자급자족의 필요성을 강조하게 되었고, 내수 순환에서 중요한 역할을 하는 혁신과 기술 개발을 가속해야 했다. 기술 경쟁에서의 독립성을 확보하고, 자체적인 혁신 능력을 키우는 것이 경제 생존의 핵심 요인으로 자리 잡았다.

내수 시장의 성장 잠재력

중국의 중산층 확대와 도시화가 가속되면서 내수 시장의 잠재력이 더 커졌다. 중국은 약 14억 명의 인구를 가진 거대한 소비 시장을 보유하고 있으며, 이를 적극적으로 활용해야 한다는 필요성이 대두되었다. 내수 시장을 강화하면 외부 경제 충격에 덜 민감하게 대응할 수 있고, 경제가 안정적으로 성장할 수 있게 된다.

특히 시진핑 정부는 공동부유를 통해 중산층을 확대하고, 이들이 경제성장에 기여하도록 함으로써 내수 소비를 지속적으로 활성화하려는 목표를 지니고 있다. 이는 소비 중심의 경제 구조로 전환하는 데 중요한 요소다.

신냉전 구도 속에서의 자립 추구

미중 간의 경쟁 구도가 심화되면서 중국은 경제적 자립과 독립성을 확보하는 것이 중요하다는 판단을 내렸다. 미국과의 무역 마찰, 기술 제재, 금융 분야에서의 제약 등은 중국이 더 이상 외부에 의존할 수 없는 상황을 만들었고, 이에 따라 내수 중심 경제로의 전환이 필수적으로 여겨졌다. 이를 통해 중국은 대외 의존도를 줄이고, 외부 경제 환경의 변동에도 더 유연하게 대응할 수 있는 체제를 구축하려고 한다.

코로나19 팬데믹의 영향

코로나19 팬데믹은 글로벌 공급망을 교란시키고, 각국의 경제에 심각한 영향을 미쳤다. 중국도 팬데믹 초기에 충격을 받았지만, 다른 나라들보다 빠르게 경제 회복에 성공하면서 내수 중심 성장의 가능성을 확인했다. 코로나19 팬데믹 이후 중국은 글로벌 경제에 대한 의존을 줄이고 자체적인 경제성장 동력을 강화할 필요성을 인식하게 되었다.

지속 가능한 발전 추구

중국은 환경 문제와 자원 고갈 문제에 직면하면서 지속 가능한 발전을 추구해야 한다는 압박을 받고 있다. 과거 수출 중심의 대량 생산 모델은 환경에 부정적인 영향을 미쳤고, 이제는 경제성장과 환경 보호를 동시에 고려하는 새로운 발전 전략이 필요하다. 내수를 강화하고, 고부가가치 산업을 발전시키는 쌍순환 정책은 환경적으로도 더 지속 가능한 모델을 추구하는 데 기여할 수 있다.

쌍순환 정책은 중국이 외부 경제 환경의 변화와 성장 둔화, 기술 경쟁 속에서 자립과 지속 가능한 발전을 추구하는 배경에서 등장했다. 내수 순환(국내 소비)을 강화하여 경제성장을 안정화하고, 동시에 국제 순환(국제 교역)을 지속적으로 유지하는 이중 전략을 통해 중국은 더 유연하고 지속 가능한 경제 모델을 구축하고자 한다.

▎쌍순환 정책의 내용

쌍순환 정책은 내수 순환과 국제 순환의 두 가지 순환 구조로 구성되어 있다.

1) 내수 순환

쌍순환 정책의 내수 순환은 중국 경제의 자생력을 높이고, 내수 시장의 소비와 생산을 중심으로 경제를 성장시키는 전략을 의미한다. 이 전략은 중국이 글로벌 경제의 불확실성에 대비하고, 자국의 경제적 안정성을 강화하기 위해 채택되었다. 내수 순환은 중국 내부의 경제 활동을 중심으로 하여 소비, 생산, 투자 등을 통해 경제성장을 촉진하는 것을 목표로 한다. 이는 중국의 거대한 내수 시장을 활용하여 경제의 자립성과 안정성을 높이고, 소비자 수요를 기반으로 하는 경제 구조를 발전시키려는 의도였다. 내수 순환의 주요 내용은 다음과 같다.

소비 중심 경제로의 전환

내수 순환의 핵심은 소비다. 그래서 중국 정부는 국민의 소비력을 증대시키고, 소비자 신뢰 관계를 구축하기 위한 다양한 정책을 추진하였다. 이는 교육, 건강보험, 사회복지 등을 통해 국민의 삶의 질을 높여 소비를 자극하는 방향으로 진행되었다.

제조업 및 기술의 혁신

내수 순환을 활성화하기 위해 중국은 제조업의 고도화와 기술 혁신을 중시하고 있다. 이를 통해 부가가치를 높이고, 자국의 제품과 서비스에 대한 신뢰를 쌓아 내수 시장을 강화하는 데 주력하였다. 이는 '중국제조 2025'와 같은 프로그램을 통해 실현되고 있다.

지역 균형 발전

내수 순환은 지역 간 경제 불균형을 해소하기 위한 노력으로도 해석된다. 정부는 저소득 지역에 대한 투자를 증가시키고, 지역 경제를 활성화하여 소비 시장을 확대하는 전략을 추진하고 있다. 이를 통해 다양한 지역에서 소비가 촉진되고, 경제가 균형 있게 성장할 수 있도록 하고 있다.

디지털 경제의 발전

디지털 경제는 내수 순환의 중요한 부분으로 자리 잡고 있다. 전자상거래와 디지털 결제 시스템의 발전은 소비자와 기업 간의 연결을 강화하고, 내수 시장의 활성화에 기여하고 있다. 이는 소비자들이 더욱 편리하게 제품을 구매할 수 있도록 하고, 기업의 시장 접근성을 높이는 역할을 하고 있다.

2) 국제 순환

쌍순환 정책의 국제 순환은 중국 경제의 글로벌 통합을 목표로 하는 전략이다. 이는 중국과 외국 간의 무역, 투자, 기술 협력 등을 통해 국제 경제와의 연결을 강화하고자 하는 노력을 포함한다. 즉, 국제 순환은 중국과 외국 간의 무역, 투자, 기술 교류 등을 통해 글로벌 경제와의 연계를 강화하는 것을 의미한다. 이는 중국의 경제가 세계 시장에서 여전히 중요한 역할을 하도록 하고, 다른 국가와의 협력을 통해 상호 이익을 도모하는 데 초점을 맞추고 있다. 국제 순환의 주요 내용은 다음과 같다.

무역 확대

국제 순환은 중국의 수출 및 수입을 통한 무역 활성화에 중점을 둔다. 중국은 다양한 국가와의 자유무역 협정을 체결하고, 글로벌 공급망에서의 역할을 강화하고자 한다. 이를 통해 국제 시장에서의 경쟁력을 유지하고, 외부의 경제 충격에 대비하고자 한다.

투자 유치 및 해외 투자

중국은 해외 기업의 투자 유치를 촉진하고, 자국 기업의 해외 진출을 지원하여 국제 순환을 활성화한다. 이는 중국 기업이 국제 시장에서 더 많은 기회를 확보하도록 돕고, 외국인 직접 투자를 통해 자국 경제를 강화하는 데 기여하고 있다.

기술 교류 및 협력

국제 순환의 중요한 측면 중의 하나는 기술 교류다. 중국은 혁신과 기술 발달을 위해 외국의 첨단 기술을 도입하고, 자국의 기술을 해외에 전파하는 전략을 추진하고 있다. 이는 글로벌 경쟁에서의 우위를 차지하고, 국가의 기술력을 향상하기 위한 중요한 단계다.

지속 가능한 발전 및 국제 협력

국제 순환은 기후변화, 환경 문제 해결 등과 같은 글로벌 이슈에 대한 협력도 포함된다. 중국은 다른 국가들과의 협력을 통해 지속 가능한 발전 목표를 달성하고, 국제사회에서의 책임 있는 역할을 다하고자 한다.

쌍순환 정책 정책은 중국이 기존의 고도 성장 모델에서 벗어나 지속 가능한 성장으로 전환하는 데 중요한 역할을 할 것으로 기대된다. 그리고 쌍순환 정책은 중국이 국제사회와의 협력을 지속하면서도 자국의 경제 안정을 도모할 수 있는 기반을 마련하고자 한다.

출처: KOTRA 해외 시장 뉴스

Chapter 6

인류 운명공동체

시진핑은 인류 운명공동체 개념을 제시하며, 글로벌 차원에서 모든 국가와 인류가 공동의 운명을 공유하고 있다는 메시지를 전달하고 있다. 이 개념은 중국의 외교정책과 국제 관계의 중요한 기초로 자리 잡았으며, 시진핑은 이를 통해 다자주의, 평화적 발전, 협력과 상호 존중을 강조하고 있다. 인류 운명공동체는 시진핑이 2012년 11월 개최된 중국 공산당 제18차 전국대표대회에서 처음 언급했고, 일대일로는 2013년 9월 카자흐스탄 나자르바예프대학 강연에서 육상 실크로드, 10월 인도네시아 국회 연설에서 해상 실크로드를 각각 언급하면서 본격화됐다. 시기적으로 보더라도 일대일로는 인류 운명공동체를 구상한 끝에 탄생한 사업임을 짐작할 수 있다. 인류 운명공동체 개념은 시진핑의 대외 정책을 관통하는 핵심 어젠다다. 특히, 2015년 9월 시진핑의 UN 총회 연설과 2017년 1월 다보스 포럼연설에서 언급되면서 본격화됐고, 2018년 3월 중국 헌법의 서론에 문구가 포함되면서 시진핑의 글로벌 거버넌스의 중심으로 자리매김했다.

| 인류 운명공동체를 위한 새 플랫폼을 말하다

인류 운명공동체의 개념은 매우 포괄적이고 추상적인 성격을 지닌 구상이다. 핵심은 인류가 하나의 운명공동체로 인류의 발전과 공동 번영을 위해 함께 노력해야 한다는 담론적 의미를 지니고 있다는 것이다. 특히 경제 관계에서 개도국에 중국식 발전 모델을 공유하는 일대일로 사업이 가장 대표적이다. 중앙아시아와 유럽을 잇는 육상 실크로드와 동남아시아와 유럽, 아프리카 연결하는 해상 실크로드 구축을 통해 중국의 영향력을 확대하고자 한다. 비록 일대일로 사업에 대한 부정적인 시각도 존재하지만 발표된 지 10여 년이 지난 지금 151개 국가 및 32개 국제단체와 MOU를 체결했고 인프라 건설, 인적 교류 및 위안화 확대 등 그 영향력은 지속적으로 커져가는 추세다. 시진핑은, 중국이 주도하는 아시아인프라투자은행(AIIB)을 모든 회원국의 발전을 증진하고 인류 공동운명체의 건설을 가능케 하는 새로운 플랫폼으로 만들자고 제안했다. 시진핑은 다음과 같이 말했다. "AIIB는 모든 회원국의 개발 요구를 충족하고 모든 전통적인 시설과 새로운 기반시설을 위해 보다 우수하고 저렴한 비용의 지속 가능한 투자를 제공하는 데 전념해야 한다. 이것은 아시아와 이를 넘어선 경제 및 사회 발전에 새로운 자극을 줄 것이다."

또한 중국은 AIIB를 지원하고 성공시키기 위해 다른 회원국들과 지속적으로 협력할 것이며, 위험과 도전에 대한 글로벌 대응과 공동발전을 추구하는 데 더 많이 기여할 것이라고 공언했다. 또한 그는 AIIB 발전과 관련한, 아래와 같은 방안도 제시했다. 첫째로는 공동발전에 초점을 맞춰 AIIB 글로벌 공동발전을 추진하는 신형의 다자 개발은행으로 구축한다. 둘째로는 과감한 개척·혁신을 통해 AIIB를 시대와 더불어 발전하는 신형의 발전 및 실천 플랫폼으로 구축한다. 셋째로는 AIIB를 높은 수준의 신형 국제협력기구 모범 사례로 구축한다. 넷째로는 개방 및 포용을 견지해 AIIB를 국제 다자 협력의 새로운 모델로 구축한다.

무엇보다 상생과 조화, 공감 등 동아시아의 문화적·사회적 맥락에서 중시되는 규범들을 동아시아 기업의 고유한 사회책임경영 요소로 삼아야 한다. 시진핑은 초지일관 다자주의를 지지하고 실천해왔다. 협력과 개방, 호혜의 정신에 입각해 세계의 여러 나라와 함께 발전을 도모했음을 강조했다. 이어 앞으로도 계속해서 AIIB를 지지하고 잘 운영해 국제사회가 위험에 대응하고 인류 운명공동체를 도모하는 데 기여할 것이라고 강조했다.

인류 운명공동체의 핵심 개념은 다음과 같다

공동의 미래와 평화 발전
인류 운명공동체는 모든 국가가 서로 의존하고 있다는 인식을 바탕으로 하여 글로벌 차원의 협력과 공동의 이익을 강조한다. 시진핑은 이를 통해 전 세계 국가들이 상호 연대하고, 공동의 문제를 해결해야 한다는 점을 명확히 했다. 시진핑은 평화적 발전을 강조하면서 모든 국가가 갈등보다는 협력을 선택해야 한다고 주장한다. 이는 군사적 충돌을 배제하고, 평화적 해결책을 우선시하는 원칙을 나타난다.

다자주의와 글로벌 거버넌스와 상호 의존성

다자주의는 국가들이 각자의 이익을 존중하며 협력하는 것을 말한다. 시진핑은 미국 중심의 단극적 질서를 비판하며, 다자 간 협력과 상호 존중을 바탕으로 한 다극적 세계 질서의 구축을 강조한다. 경제적·사회적·환경적 문제들은 이제 국경을 넘나드는 문제가 되었다. 시진핑은 지구촌 문제에 대한 공동 대응을 촉구하며, 환경 보호와 지속 가능한 발전을 위한 국제적 협력을 강조한다.

인권과 공동 번영

인권 존중과 공동 번영도 중요한 요소다. 시진핑은 개발도상국의 경제 발전과 빈곤 퇴치를 위한 국제적인 지원을 강화해야 한다고 주장한다. 이를 통해 전 세계의 모든 국가가 번영할 수 있도록 해야 한다는 메시지를 전달한다. 인류 운명공동체는 시진핑의 글로벌 외교 전략을 나타내는 핵심 개념으로, 국가 간의 협력, 상호 의존, 평화적 해결을 중시하며, 다자주의와 지속 가능한 발전을 강조한다. 이 구상은 중국의 국제적 리더십을 확립하고, 세계 질서에 대한 새로운 접근을 제시하는 중요한 이념으로 자리 잡고 있다.

또한 시진핑이 인류 운명공동체 구축 개념을 제안한 지 10주년 기념 백서에서는 인류 운명공동체 구축은 아름다운 비전이자 역사적 과정이므로 사람들이 대를 이어 릴레이해야만 실현할 수 있다고 밝혔다. 이에 덧붙여 세계 각국이 단결해 천하의 큰 도(道)를 함께 행하고, 인류 운명공동체를 구축하는 올바른 방향을 향해 함께 계획·실천하며 부단히 노력한다면 반드시 인류의 더욱 아름다운 미래를 함께 만들 수 있다고 말했다.

2024년 대한민국 국회의원회관 제1세미나실에서
한중교류촉진위원회(위원장 이창호) · 서영교국회의원실과 공동으로 주최한
'인류 운명공동체 구현과 한중 관계' 포럼

PART **4**

한중 관계의 역사적
배경

Chapter 1

고대의 한중 관계

고대 한중 관계는 한국과 중국의 역사적·문화적·정치적 상호작용의 기반을 형성하는 중요한 시기로, 이 시기의 여러 사건과 관계는 양국 간의 깊은 연관성을 보여준다. 다음은 고대 한중 관계의 주요 특징과 사건을 정리한 것이다.

| 삼국시대의 교류

한국의 삼국시대(기원전 57년 ~ 668년)에 고구려, 백제, 신라 등의 왕국은 중국의 여러 왕조와 교류했다. 이 왕국들은 중국의 문화, 정치 체계, 종교 등을 받아들이면서 발전했다. 고구려는 중국의 한나라(漢)와 교류하며, 특히 한나라의 군사적 지원을 받기도 했다. 백제와 신라는 중국의 문화적 영향을 받아 불교와 유교 등의 사상을 수용했다.

┃ 한나라와의 관계

한나라 시기(기원전 206년 ~ 220년), 한국의 삼국은 중국에 조공을 바치는 대신, 중국으로부터의 정치적 인정을 받는 형태의 '조공-책봉' 체계를 구축했다. 이를 통해 한국 왕국들은 중국과의 외교 관계를 유지했다. 고구려의 왕이 한나라에 조공을 바치고, 이를 통해 한나라의 황제에게 책봉을 받는 형태는 고대 한중 관계의 상징적인 사례로 여겨진다.

한나라 오주전(하북공정대학 건축예술박물관 소장)

┃ 수나라와 당나라의 영향

수나라(581~618)·당나라(618~907) 대에도 한국과 중국 간의 관계가 계속해서 강화되었다. 특히, 당나라는 불교를 통해 한국에 대한 문화적 영향을 미쳤다. 당나라 시기에 불교가 한국에 전파되었으며, 이는 한국 사회에 큰 영향을 미쳤다. 한국의 불교 사찰과 문화가 이 시기에 발전하였다.

┃ 고구려의 발전과 중국과의 갈등

고구려는 당나라와의 전쟁을 통해 중국의 위협에 대응하며 강력한 군사력을 유지했다. 이 시기에 고구려는 중국의 여러 왕조와 군사적으로 충돌하기도 했다. 백제와 신라 또한 당나라와의 외교적 관계를 통해 상호 교류를 강화했다. 백제는 일본과의 관계를 통해 중국의 문화적 영향을 중재하기도 했다.

┃ 한중 관계의 종결

신라의 삼국 통일은 668년 신라가 삼국을 통일함으로써 한중 관계의 고대 시대는 사실상 종료되었다. 이후 신라는 중국과의 관계를 지속하며 외교적 교류를 계속하였다.

고대 한중 관계는 삼국 시대에 시작되어, 한나라, 수나라, 당나라 시기를 거치며 정치적·경제적·문화적 교류가 활발히 이루어졌다. 이러한 관계는 한중 양국의 문화적 유산과 역사적 정체성을 형성하는 데 중요한 역할을 하였다. 고대의 교류는 오늘날에도 한중 관계의 기초를 이루고 있으며, 두 나라의 역사적 관계를 이해하는 데 중요한 배경이 된다.

당나라와 고구려의 전쟁

Chapter 2

중세의 한중 관계

중세 한중 관계는 고려시대(918~1392)와 송나라(960~1279), 원나라 (1271~1368)와의 관계를 중심으로 형성되었으며, 이 시기의 정치적·경제 적·문화적 교류는 한국과 중국 간의 상호작용에 중요한 역할을 했다. 다음은 중세 한중 관계의 주요 특징과 사건이다.

| 고려의 발전

고려는 송나라와의 외교 관계를 강화하였다. 고려는 송나라에 조 공을 바치고, 송나라의 책봉을 받으며 정통성을 확보했다. 이를 통해 고려는 외교적으로 안정된 지위를 유지하였다. 고려는 중국의 유교, 불 교, 도교 등을 적극적으로 수용하였다. 특히, 고려의 불교 문화는 송나 라와의 교류를 통해 크게 발달했다.

| 경제적 교류

고려는 중국과의 무역을 통해 경제적으로도 발전하였다. 고려의 상인들은 송나라의 도시와 교역을 하여 상품을 교환하고 문화를 교류했다. 고려의 인삼, 화문석(화산암), 도자기 등이 중국으로 수출되었다. 고려는 중국의 농업 기술과 새로운 작물들을 도입하여 농업 생산성을 높였다. 이는 고려 사회의 경제적 기반을 강화하는 데 기여했다.

| 원나라의 지배

13세기 초, 몽골 제국의 침략으로 원나라가 고려를 지배하게 되었다. 고려는 원나라의 속국으로 전락하면서도 외교적 관계를 유지하며, 원나라에 조공을 바치게 되었다. 원나라 지배하에서 고려는 몽골과의 접촉을 통해 새로운 문화적 요소를 받아들였다. 이는 고려의 정치, 군사, 문화에 영향을 미쳤다.

| 문화적 상호작용

고려시대에는 중국의 불교와 도교가 활발히 유입되었으며, 이는 고려 사회의 종교적 다양성을 증대시켰다. 특히, 고려의 불교 문화는 중국과의 교류를 통해 더욱 발전하였다. 중국의 문화, 예술, 과학 기술 등이 고려에 영향을 미쳐 고려의 독자적인 문화와 예술이 발달하게 되었다. 고려시대의 청자(靑瓷)와 같은 도자기는 중국의 영향을 받아 제작되었다.

중세 한중 관계는 고려시대와 원나라 지배하에서의 상호작용으로 특징지어진다. 고려는 송나라와의 긴밀한 외교 관계를 통해 문화적·경제적으로 발전하였으며, 원나라의 지배하에서도 외교적 관계를 유지했다. 이 시기에 두 나라 간의 정치적·경제적·문화적 상호작용이 강화되었고, 한중 관계의 역사적 토대가 형성되었다.

경제가 발전된 송나라

Chapter 3

근세의 한중 관계

근세 한중 관계는 조선 왕조(1392~1910)와 명나라(1368~1644), 청나라(1644~1912) 간의 상호작용을 중심으로 형성되었으며, 이 시기의 정치적·경제적·문화적 교류는 양국의 관계에 큰 영향을 미쳤다. 다음은 근세 한중 관계의 주요 특징과 사건이다.

| 조선과 명나라의 관계

조선 왕조는 명나라와의 관계를 매우 중요시하였고, 명나라의 정통성을 인정하는 조공-책봉 체계를 유지했다. 조선은 명나라의 정치적 지원을 통해 안정적인 정권을 유지할 수 있었다. 조선은 명나라의 문화, 특히 유교 사상을 깊이 수용했다. 명나라의 학자들과의 교류를 통해 조선은 유교 이론과 제도를 발전시키고, 이를 바탕으로 조선 왕조의 정치 체계를 구축하였다.

| 경제적 교류

조선은 명나라와의 무역을 통해 경제적 이익을 추구했다. 조선의 상인들은 중국과의 교역을 통해 다양한 상품을 수입하고, 이에 따라 경제적으로 발전할 수 있었다. 그리고 조선은 명나라로부터 서적, 과학 기술, 농업 기술 등을 받아들였는데 이는 사회 발전에 기여했고, 조선의 농업 생산성을 높이는 데도 도움을 주었다.

| 조선과 청나라의 관계

17세기 중반, 청나라가 명나라를 멸망시키고 한반도에 영향을 미치기 시작했다. 초기에는 조선이 청나라에 대한 반감을 지니고 있었으나, 시간이 지나면서 조선은 청나라와의 외교 관계를 수립하게 된다. 조선은 청나라로부터 압박을 받으며 종속적인 관계를 유지해야 했다. 조선은 청나라에 조공을 바치고, 이를 통해 외교적 정통성을 확보하고자 했다.

| 근대화와 외교적 변화

19세기 중반, 아편전쟁 이후 외세의 영향력이 커지면서 조선과 청나라의 관계도 복잡해졌다. 외세의 압박 속에서 조선은 독립적인 외교 정책을 모색하게 되었다. 청일전쟁(1894~1895)은 조선의 독립을 둘러싼 갈등을 심화시켰다. 이 전쟁에서 일본이 승리하면서 조선의 외교적 지위가 바뀌고, 일본의 영향력이 강해지게 된다.

　근세 한중 관계는 조선과 명나라, 청나라 간의 정치적·경제적·문
화적 교류를 통해 형성되었다. 조선은 명나라와의 관계를 통해 정권을
안정적으로 유지했으며, 청나라의 부상과 외세의 압박 속에서도 외교
적 관계를 모색하였다. 이러한 근세 한중 관계는 이후의 현대 한중 관
계에 큰 영향을 미치게 된다.

청일전쟁

Chapter 4

식민지 시기의 한중 관계

식민지 시기의 한중 관계는 20세기 초 일본 제국의 한국 식민지 지배(1910~1945)와 중국의 근대화, 특히 중화민국(1912~1949) 시기의 역사적 배경 속에서 전개되었다. 이 시기의 한중 관계는 일본의 침략과 각국의 정치적·사회적 변화에 큰 영향을 받았다. 다음은 식민지 시기 한중 관계의 주요 특징과 사건이다.

| 일본 제국의 침략과 한국의 식민지화

1910년, 일본은 한국을 식민지로 삼으면서 한국의 정치, 경제, 사회를 통제하게 되었다. 이러한 일본의 지배는 한중 관계에 부정적인 영향을 미쳤다. 일본의 한국 식민지 지배는 중국에서도 반일 감정을 불러일으켰다. 중국에서는 일본의 침략에 저항하는 운동이 일어났고, 이는 한중 양국 간의 연대감을 조성하는 계기가 되었다.

ㅣ중국의 혁명과 한중 관계

1912년, 중화민국이 수립되면서 중국은 정치적 혼란 속에서도 독립과 자주를 추구했다. 이 시기에 한국 독립운동가들은 중국을 거점으로 삼아 독립운동을 전개하였다. 1919년 3·1운동 이후, 많은 한국 독립운동가가 중국으로 망명하여 중국 내에서 독립운동을 조직했다. 상하이, 베이징, 난징 등지에서 한국 독립운동 단체가 결성되었고, 이들은 중국의 지원을 받으며 활동했다.

ㅣ한중 연대의 발전

1920년대에 들어서면서 한국 독립운동가들은 중국 국민당과의 연대 관계를 강화하였다. 이들은 중국의 반일운동과 연계하여 일본 제국의 침략에 저항하기 위해 협력하였다. 일본이 만주를 침략한 1931년부터 한중 간의 연대가 더욱 강조되었다. 한국 독립운동가들은 중국 내에서 일본에 대한 저항을 함께하였고, 이는 양국 간의 정치적 연대를 강화하는 계기가 되었다.

ㅣ전쟁과 한중 관계

중일전쟁(1937-1945) 시기에 한국의 독립운동가들은 중국과 함께 일본 제국에 맞서 싸웠다. 중국은 한국의 독립운동가들에게 지지와 자원을 제공하며 협력 관계를 유지하였다. 1940년대 초, 한국 광복군이 중국에서 조직되어 중국의 국민당 정부와 협력하여 일본 제국에 대항하는 군사 작전을 전개했다. 이 시기에 한중 간의 군사적 연대도 강화되었다.

식민지 시기 한중 관계는 일본 제국의 침략과 식민지 지배라는 비극적인 배경 속에서 발전하였다. 한국은 중국을 독립운동의 거점으로 삼고, 중국과의 정치적·군사적 연대를 통해 일본 제국에 저항하였다. 이러한 한중 간의 협력은 이후의 역사적 과정에서 중요한 의미를 지니며, 양국 관계의 발전에 기여하게 된다. 식민지 시기의 경험은 한중 관계의 현대적 맥락에서도 여전히 중요한 요인으로 작용하고 있다.

Chapter 5

냉전시대의 한중 관계

냉전 시대의 한중 관계는 한국전쟁(1950~1953)과 그 이후의 정치적·경제적·외교적 변화 속에서 형성되었다. 이 시기의 한중 관계는 서로 대립하는 진영의 영향과 한국 내부의 정치적 변화, 국제 정세의 변화에 따라 크게 변동하였다. 다음은 냉전시대의 한중 관계의 주요 특징과 사건이다.

▎한국전쟁과 중국의 개입

한국전쟁은 1950년 6월 25일 북한의 남침으로 시작되었다. 한국전쟁은 남한과 북한 간의 갈등이었으나, 냉전의 대립 구조 속에서 중국과 미국이 개입하게 되었다. 북한을 지원하기 위해 중국은 1950년 10월 인민지원군을 파견하였다. 중국의 개입은 전쟁의 양상을 변화시키고, 38선 근처에서 치열한 전투가 이어지게 했다.

1953년 한국전쟁의 휴전 이후, 중국은 북한과의 관계를 강화하고, 남한은 미국과의 동맹 관계를 더욱 공고히 하게 된다. 이에 따라 한중 관계는 냉전 기간에 긴장 상태에 놓이게 된다.

▎냉전 진영의 대립

중국은 소련과의 관계를 강화하며 공산주의 국가로서의 입지를 확고히 하였고, 북한과의 관계를 지속적으로 유지했다. 이러한 상황에서 한국은 미국의 지원을 받으며 반공주의 노선을 강화하였다. 남한은 미국과의 동맹 관계를 바탕으로 공산주의의 확산을 저지하고자 하였으며, 북한은 중국과 소련의 지원을 받아 남한에 대한 공격을 시도했다. 이에 따라 한중 관계는 상호 대립적인 상황이 지속되었다.

▎문화와 교류의 제한

냉전 시대 동안 한국과 중국 간의 정치적 긴장으로 인해 문화적·경제적 교류는 거의 이루어지지 않았다. 한국은 미국과의 관계에 중점을 두었고, 중국은 북한과의 관계에 집중했다. 이 시기에 한국은 중국 대중문화의 영향을 거의 받지 않았고, 반대로 중국에서도 한국의 문화에 대한 접근이 제한되었다.

| 중국의 개혁과 한중 관계의 변화(1970년대)

1970년대 말, 중국의 개혁개방 정책이 시작되면서 중국은 국제사회와의 관계를 개선하려고 하였다. 이는 한국과의 관계에도 긍정적인 영향을 미쳤다. 1970년대 후반부터 한국과 중국이 비공식적으로 접촉하였으며, 양국은 상호 이해를 위한 대화를 추진하게 된다.

냉전시대의 한중 관계는 한국전쟁 이후 동서 진영이 서로 대립하는 구조 속에서 긴장 상태에 놓였다. 북한은 중국과의 관계를 강화하며 반미 노선을 고수한 반면, 남한은 미국과의 동맹을 통해 공산주의의 확산을 저지하고자 했다. 그러나 1970년대 말 중국의 개혁개방 정책이 시작되면서 한중 관계는 새로운 국면으로 접어들게 되었고, 이는 이후의 정상화에 기초가 되는 중요한 변화로 여겨진다.

625 전쟁

Chapter 6

한중의 외교 정상화

한중 외교 정상화는 1992년 8월 24일 두 나라가 공식적으로 외교 관계를 수립한 것을 의미하며, 이는 한국과 중국 간의 역사적인 전환점으로 평가된다. 이 과정은 1986년 서울 아시안 게임과 1988년 서울 올림픽에도 참가하게 되면서 양국 간의 관계는 점차 호전되어 갔다. 이후 한국이 중국의 요구를 받아들여 중화민국(대만)과 단교함으로써 1992년 8월 24일에 수교하게 되었다.

한국 최초의 자이언트 판다인 밍밍과 리리는 한중 수교 2주년을 기념하여 중국이 임대하였다고 한다. 한중 간의 정치, 경제, 문화적 관계를 크게 변화시켰다. 다음은 한중 외교 정상화의 주요 배경, 과정, 그리고 그 결과에 대한 설명이다.

| 정상화의 배경

1980년대 말 냉전의 종식과 소련의 붕괴는 동아시아의 정치 지형에 큰 변화를 불러왔다. 이에 따라 한국과 중국은 모두 새로운 외교 관계를 모색하게 되었다. 중국의 개혁개방 정책(1978년 시작)은 중국이 국제사회와의 관계를 개선하고 경제 발전을 도모하는 계기가 되었다. 이 과정에서 한국과의 관계도 중요하게 고려되었다. 한국은 일본, 미국과의 관계가 상대적으로 안정된 가운데, 중국과의 관계를 강화하여 외교적 다변화를 추진하고자 하였다.

한중 외교 정상화는 1992년 8월 24일 공식적으로 이루어졌으며, 이는 한국과 중국 양국 간의 역사적 전환점으로 평가된다. 한중 외교 정상화는 냉전 종식, 경제적 상호 의존, 국제 정치의 변화 등 여러 가지 요인에 의해 추진되었다. 이 배경에는 정치적·경제적·국제적 요인들이 복합적으로 작용했다.

냉전 종식과 국제 질서 변화

한중 외교 정상화의 가장 큰 배경 중 하나는 냉전의 종식이었다. 1989년 베를린 장벽의 붕괴와 함께 동서 진영 간의 대립이 약화되었고, 소련을 비롯한 공산권 국가들이 몰락하면서 국제 질서가 재편되기 시작했다. 냉전체제하에서 한국은 서방 진영에 속했고, 중국은 사회주의 진영의 일원으로 한국과는 적대적인 관계를 유지해 왔다.

그러나 냉전이 종식되고 미국과 소련의 대립이 완화되면서 한중 간의 외교적 긴장이 감소했고, 더욱 실용적인 외교 정책을 추진할 수 있는 환경이 마련되었다. 이와 함께 중국은 더욱 개방적이고 유연한 외교 전략을 추구하면서 한국과의 외교 관계 수립을 고려하기 시작했다.

한국의 북방정책(노태우 정부)

한중 외교 정상화의 중요한 배경으로는 한국의 북방정책을 들 수 있다. 노태우 대통령은 1988년 취임 후, 사회주의 국가들과의 관계를 개선하고, 이 국가들과의 외교를 확대하는 '북방정책'을 추진했다. 북방정책은 냉전 체제에서 소외되었던 소련, 중국, 동유럽 국가들과의 관계를 정상화함으로써 한국의 외교적 지평을 확대하고, 특히 중국과 소련을 우호국으로 만드는 것이 목표였다.

북방정책은 1990년 소련과의 외교 정상화로 이어졌고, 중국과의 관계 개선도 이를 바탕으로 추진되었다. 한국은 중국을 중요한 무역 파트너로 보고 있었기 때문에 중국과의 외교 관계 수립을 통해 경제적 기회를 확대하려 했다.

중국의 개혁개방 정책

1978년 덩샤오핑의 통치체제하에서 개혁개방 정책을 시작한 중국은 경제 발전을 위해 국제사회와의 협력과 교류를 확대하기 시작했다. 중국은 경제성장을 위해 서방 국가들과의 무역과 투자가 절실히 필요했고, 이를 위해 국제 외교 관계를 개선해야 했다.

특히, 한국은 빠르게 경제성장을 이룩한 동아시아 국가로, 중국의 개혁개방에서 중요한 파트너로 여겨졌다. 중국은 한국과의 경제 협력이 자국의 경제성장에 긍정적인 영향을 미칠 수 있다고 판단하여 외교 관계 수립을 적극적으로 추진하게 되었다.

경제적 상호 의존성의 증가

1980년대 후반부터 한국과 중국 간의 비공식 경제 교류가 급격히 확대되었다. 특히, 한국 기업들이 중국 내의 생산 기지를 확장하고, 중국을 중요한 제조 및 시장 기지로 활용하기 시작하면서 양국 간 경제적 의존도가 커졌다. 이는 외교 관계 수립에 대한 필요성을 더욱 부각했다.

1990년대 초, 한국은 중국과의 무역에서 상당한 이익을 보고 있었고, 중국에는 한국의 기술과 자본이 필요했다. 이러한 경제적 상호 의존성은 양국 간의 외교 관계 정상화를 추진하는 중요한 동기가 되었다. 외교 관계를 공식화함으로써 양국은 경제 협력을 더 안정적이고 제도적으로 뒷받침할 수 있는 환경을 조성할 수 있었다.

북한과의 관계 변화

한중 외교 정상화는 한반도에서의 남북 관계 변화와도 밀접한 관련이 있다. 냉전 시기 중국은 북한의 주요 동맹국이었으며, 한국과의 관계 개선은 중국이 북한과의 기존 관계를 조정해야 하는 상황을 의미했다.

그러나 1990년대에 들어서면서 중국은 국익을 우선하는 실용적 외교를 강조하기 시작했고, 북한과의 관계보다는 한국과의 경제적· 외교적 이익을 더 중시하게 되었다. 북한의 경제적 어려움과 국제적 고립이 심화되면서, 중국에서는 북한보다는 한국과의 관계가 더 중요하다는 인식이 확산되었고, 이는 외교 정상화로 이어지는 배경이 되었다.

미국과의 관계

한국과 중국의 외교 정상화는 미국의 전략적 이해와도 관련이 있었다. 당시 미국은 아시아에서의 평화와 안정을 중요시했고, 한국과 중국 간의 관계 개선이 동아시아 지역의 안정에 기여할 것이라고 보았다. 미국은 한중 관계가 정상화되면, 냉전 구도의 유산이 해소되고, 북한과 같은 고립된 국가에 대한 압박이 강화될 수 있을 것으로 기대했다.

또한, 미국은 중국의 개혁개방 정책을 지지하면서 중국이 세계 경제에 더욱 적극적으로 참여하도록 유도하려는 전략을 취하고 있었다. 따라서 한중 외교 정상화는 미국의 동아시아 정책에도 부합하였다.

한중 외교 정상화는 냉전의 종식, 한국의 북방정책, 중국의 개혁개방, 경제적 상호 의존성의 증가, 북한과의 관계 변화, 그리고 미국의 동아시아 전략 등이 복합적으로 작용한 결과다. 1992년 한중 외교 정상화는 단순한 양국 관계 수립을 넘어서, 동아시아 지역의 외교적 지형을 변화시키고, 이후 양국 간의 경제·정치·사회적 교류를 본격화하는 전환점이 되었다.

| 정상화 과정

한중 외교의 정상화는 1992년 8월 24일 공식적으로 이루어졌지만,

그에 이르기까지 오랜 기간에 걸쳐 비공식적 교류와 협상이 진행되었다. 1980년대부터 양국은 비공식적인 접촉을 통해 관계 개선을 모색했다. 1988년, 노태우 대통령의 방중과 함께 양국 간의 공식 대화가 시작되었다. 그리고 1992년 8월 24일, 한국과 중국은 외교 관계를 공식적으로 수립했다. 이에 따라 양국은 상호 대사관을 설치하고, 정치적·경제적 협력을 강화하기 위한 다양한 조치를 하기 시작했다. 이는 냉전 종식 이후 변화하는 국제 정치 상황과 양국의 경제적 필요성, 외교적 이익이 맞물린 결과다. 한중 외교 정상화 과정은 크게 경제적 교류 확대, 비공식 외교 접촉, 공식 외교 협상의 세 단계로 나누어 설명할 수 있다.

경제적 교류의 확대 (1970~1980년대)

한국과 중국은 외교 관계를 공식적으로 맺기 전부터 비공식적인 경제 교류를 통해 관계를 서서히 구축해 나갔다. 1970년대에는 한국과 중국 간에 간접적인 경제 교류가 시작되었고, 1980년대 들어 비공식 무역과 교류가 점차 확대되었다.

1970년대부터 홍콩을 통해 한국과 중국 간의 무역이 이루어졌다. 이는 공식적인 외교 관계가 없었기 때문에 제3국을 통한 간접 교역 형태였지만, 양국 간의 경제적 상호 의존도가 서서히 높아지는 계기가 되었다.

한국 기업들은 1980년대 후반부터 중국 시장의 가능성을 보고 적극적으로 진출하였다. 삼성, 현대 등 대기업들이 중국 내에 공장을 설립하면서 경제적 협력이 강화되었다. 특히, 중국의 개혁개방 정책 시행 이후 중국은 외국 자본 유치를 적극적으로 추진했기 때문에, 한국 기업들의 활동은 더욱 활발해졌다.

비공식 외교 접촉(1980년대 후반)

한중 간의 비공식적 외교 접촉은 1980년대 후반부터 본격적으로 이루어졌다. 이는 양국 정부가 직접적인 외교 관계 수립을 모색하기 위해 진행된 초기 단계였다.

1980년대 후반에는 스포츠, 문화, 학술 교류 등 다양한 민간 차원의 접촉이 이루어졌다. 특히 1986년 아시안 게임, 1988년 서울 올림픽 등 국제 스포츠 대회를 계기로 중국 대표단이 한국을 방문하면서 비공식적인 접촉이 늘어났다. 이를 통해 양국 간의 상호 이해가 증진되었고, 외교 정상화의 기초가 마련되었다.

한국과 중국은 홍콩을 중심으로 비밀 외교를 진행했다. 양국 고위 관계자들이 홍콩에서 비밀리에 만나 상호 관심사를 논의하는 과정에서 외교 관계 수립에 대한 논의가 활발히 이루어졌다. 이 시기에는 북한과의 관계를 고려해 공식 외교 접촉을 공개적으로 하지 않았지만, 양국 간의 관계를 개선하기 위한 움직임은 계속되었다.

노태우 정부의 북방정책(1988년)은 소련과 동유럽, 중국 등 사회주의 국가들과의 관계 개선을 목표로 했다. 북방정책의 하나로 한국은 중국과의 경제 및 외교 관계를 적극적으로 모색했고, 이는 중국과의 외교 정상화 추진에 큰 동력이 되었다.

공식 외교 협상과 정상화(1990~1992년)

한중 외교 정상화를 위한 본격적인 외교 협상은 1990년대 초반부터 급물살을 탔다. 이 시기에는 양국이 공식적으로 외교 관계를 수립하기 위한 다양한 협상이 진행되었다.

한국은 1990년 소련과의 외교 관계를 수립했다. 이는 사회주의 진영 국가들과의 관계 개선에 중요한 전환점이 되었으며, 중국과의 외교 정상화 논의에도 긍정적인 영향을 미쳤다. 소련과의 수교가 이루어지자 중국도 한국과의 관계 수립에 더욱 적극적으로 나서기 시작했다.

1990년대 초반에는 양국 고위급 인사들 간의 비밀 외교 협상이 진행되었다. 한국의 이원경 외무부 장관과 중국의 첸치천 외교부장이 여러 차례 비밀리에 만나 양국 간의 외교 정상화 문제를 논의했다. 이 시기에는 북핵 문제, 북한과의 관계 유지 등의 민감한 사안도 함께 다루어졌다.

1992년 들어 양국 간의 외교 관계 수립을 위한 최종 협상이 진행되었다. 1992년 8월 24일, 한국의 노태우 대통령과 중국의 양상쿤 주석은 한중 외교 정상화를 공식 선언하고, 외교 관계를 수립하는 데 합의했다. 베이징에서 공식적인 수교가 선언됨과 동시에 양국 대사관이 설치되었고, 한중 관계는 공식 외교 관계로 발전하게 되었다.

한중 외교 정상화 과정에서 북한은 크게 반발했다. 중국은 오랫동안 북한과의 동맹 관계를 유지해 왔기 때문에 한국과의 외교 관계 수립은 신중한 사안이었다. 그러나 중국은 실리적 외교를 바탕으로 한국과의 경제적·외교적 이익을 우선시하며 수교를 강행했다. 이후 중국은 북한과의 전통적 우호 관계도 유지하려는 태도를 보였다.

한중 외교 정상화는 경제적 교류 확대, 민간 교류, 비공식 외교 접촉을 바탕으로 한 장기적인 준비와 협상을 통해 이루어졌다. 냉전 종식과 국제 정세의 변화, 경제적 필요성, 한국의 북방정책, 중국의 개혁 개방 등이 결합되어 양국은 외교 관계를 수립하게 되었으며, 이는 동아시아 지역의 새로운 외교 질서를 형성하는 데 크게 기여하였다.

▎정상화의 결과

한중 외교 정상화는 1992년 8월 24일 공식적으로 이루어진 이후, 양국 간의 관계가 정치, 경제, 문화, 안보 등 다양한 분야에서 급격히 발전하는 계기가 되었다. 이 정상화는 동아시아의 외교 지형에 큰 변화를 불러왔으며, 한국과 중국에 모두 전략적·경제적 이익을 제공했다. 한중 외교 정상화의 주요 결과는 다음과 같다.

① 경제 협력의 비약적 발전

한중 외교 정상화 이후 가장 두드러진 변화는 경제 협력의 급격한 확대였다. 양국 간의 외교 관계가 공식화되면서 경제 교류가 활발해졌고, 상호 의존도가 크게 높아졌다.

한중 수교 이후, 한국과 중국 간의 무역 규모는 급격히 확대되었다. 1992년 한중 수교 당시 양국 간의 무역 규모는 약 50억 달러였지만, 이후 양국은 주요 무역 파트너로 부상하며 무역 규모는 2020년대에는 3,000억 달러를 넘어섰다. 한국은 중국의 중요한 수출 시장이 되었고, 중국은 한국의 최대 무역 상대국으로 자리 잡았다.

한국 기업들은 중국의 저렴한 인건비와 거대한 시장에 주목하여 대규모 투자를 단행했다. 삼성, 현대, LG 등 대기업들이 중국에 생산 기지를 설립하고, 중국 시장에 적극적으로 진출했다. 이는 중국의 경제성장에도 기여했으며, 동시에 한국 기업들은 중국 시장에서 막대한 이익을 얻었다.

한중 외교 정상화 이후, 양국은 제조, 전자, IT, 자동차, 철강 등 다양한 산업 분야에서 협력 관계를 강화했다. 특히 한국의 기술력과 중국의 대규모 생산 능력이 결합하면서 양국 간의 상호 보완적인 경제 관계가 형성되었다.

② 정치 및 외교 협력의 강화

한중 외교 정상화는 정치적 협력의 문을 열었다. 양국은 국제사회에서 상호 협력하면서 주요 현안에 대한 긴밀한 소통을 이어갔다. 그리고 한중 양국은 유엔을 비롯한 다양한 국제기구에서의 협력을 확대했다. 양국은 동북아시아 안보 문제, 기후변화, 무역 문제 등에서 공동의 이익을 추구하며 협력해 왔다. 특히 한반도 문제와 관련해 중국은 중요한 외교적 역할을 해왔다.

한중 외교 정상화 이후, 중국은 북핵 문제 해결에 중요한 역할을 하게 되었다. 2000년대 초반에 시작된 6자 회담에서 중국은 북한과의 전통적 우호 관계를 바탕으로 한국, 미국, 북한 사이에서 중재자 역할을 했다. 비록 북핵 문제 해결은 크게 진전되지 않았지만, 중국의 참여는 한반도 문제에서 중요한 외교적 동력을 제공했다.

③ 문화 교류의 확대

외교 정상화 이후, 한중 간 문화 교류도 폭발적으로 증가했다. 이는 양국의 국민이 서로의 문화를 이해하고, 상호 인식이 크게 바뀌는 계기가 되었다. 그리고 1990년대 후반에는 한국의 드라마, 영화, K-POP이 중국에서 큰 인기를 끌면서 한류 열풍이 불기 시작했다. 한류는 한국 문화를 중국에 널리 알리는 계기가 되었으며, 한국 연예인들이 중국에서 높은 인기를 얻으면서 문화 교류가 강화되었다.

한편, 한국에서도 중국의 전통문화와 현대 문화에 대한 관심이 증가했다. 양국은 영화, 예술, 스포츠 등 다양한 분야에서 활발하게 교류하며 문화적 유대감을 강화했다. 한중 수교 이후 양국 간의 인적 교류도 급격히 증가했다. 유학생, 관광객, 비즈니스맨 등 다양한 계층의 사람들이 양국을 방문하면서 상호 교류가 활발해졌다. 2010년대에는 수백만 명의 중국인이 한국을 방문했으며, 한국인들도 중국을 자주 찾았다.

④ 안보 협력과 긴장

한중 외교 정상화 이후, 양국 간의 안보 협력도 중요한 논의 주제가 되었다. 중국은 한국의 가장 가까운 이웃으로서 동북아 안보 문제에서 중요한 역할을 했다. 중국은 한반도에서의 평화와 안정을 중시하며, 북한과의 관계 유지를 통해 한반도 문제에 개입해 왔다. 북한과의 전통적인 동맹 관계를 유지하면서도, 중국은 한국과의 관계에서도 균형을 유지하려고 노력했다. 이를 통해 한반도 긴장 완화에 기여하기도 했다.

그러나 2016년 한국이 미국의 고고도 미사일 방어 체계인 사드(THAAD) 배치를 결정하면서 한중 관계는 큰 긴장 상태에 놓였다. 중국은 사드가 중국의 안보에 위협이 된다고 주장하며 한국에 경제적 보복 조치를 했다. 이에 따라 양국 간의 경제, 문화 교류에 일시적인 차질이 빚어졌다. 하지만 이후 양국은 긴장 완화를 위한 외교적 노력을 기울이며 관계 회복을 시도했다.

한반도와 동북아 외교 환경 변화

한중 외교 정상화는 한반도와 동북아시아의 외교 환경에 큰 영향을 미쳤다. 특히 북한의 외교적 고립이 심화되었으며, 동아시아 지역에서 한국과 중국의 외교적 위상이 강화되었다. 한중 외교 정상화는 북한에 외교적 타격을 입혔다. 중국은 북한의 가장 중요한 동맹국이었지만, 한국과의 외교 관계 수립은 북한의 외교적 고립을 심화시키는 결과를 낳았다. 이후 북한은 중국과의 관계 유지에 어려움을 겪으면서 국제적으로 더 고립되었다.

한중 외교 정상화는 동아시아의 외교 질서에도 변화를 불러왔다. 한국은 중국과의 관계를 강화하면서 일본, 미국과의 관계에서도 외교적 균형을 모색하게 되었고, 중국은 한국과의 관계를 통해 동북아에서의 외교적 영향력을 확대하려는 전략을 구사했다.

한중 외교 정상화는 양국 모두에 정치적·경제적·문화적으로 중요한 변화를 불러온 사건이었다. 특히 경제적 상호 의존도가 크게 확대되었고, 문화 교류를 통해 상호 이해가 증진되었으며, 한반도 문제에서의 중국의 역할도 부각되었다. 이는 현재의 한중 관계 형성에 기초가 되고 있다. 이러한 관계 발전은 동아시아의 정치적 안정과 경제적 발전에도 긍정적인 영향을 미치고 있다. 비록 사드 문제와 같은 외교적 갈등이 있었지만, 한중 관계는 여전히 동아시아 지역의 중요한 축으로 자리 잡고 있다.

2019년 시진핑을 만난 문재인 대통령

PART 5

시진핑 통치시대의
한중 관계

Chapter 1

정치적 관계

시진핑이 집권한 이후 한중 간의 정치적 관계는 여러 변화를 겪으면서 발전해 왔다. 그의 집권 초기에는 우호적인 관계를 유지하려는 노력이 강조되었으나, 시간이 지나면서 일부 갈등 요인도 나타났다. 시진핑 시기 한중 관계의 특징은 협력과 경쟁의 혼재라고 할 수 있다.

시진핑은 2012년 중국의 최고 통치자가 된 이후, 한국과의 정치적 관계를 안정적으로 유지하고, 경제적 협력을 확대하는 데 중점을 두었다. 그 배경에는 경제적 상호 의존성의 강화와 동북아시아에서의 지정학적 이익이 깔려 있었다.

시진핑과 박근혜 전 대통령 시기에는 양국의 관계가 상대적으로 우호적이었다. 박근혜 정부는 중국과의 외교적 협력을 중요하게 생각했고, 2015년 박근혜 대통령이 중국의 항일 전쟁 승리 70주년 기념 행사에 참석한 것은 한중 관계의 돈독함을 상징하는 사건이었다. 당시 박 대통령이 미국과 일본의 통치자들이 참석하지 않은 가운데 시진핑과 나란히 서 있는 모습은 한중 협력의 상징으로 평가되었다.

시진핑 집권 중반부에 이르러 한중 관계에 큰 변화를 가져온 사건은 사드(THAAD) 문제였다. 한국이 북한의 핵 위협에 대응해 미국의 사드(고고도 미사일 방어체계)를 배치하기로 결정하자, 중국은 이에 강력하게 반발했다.

중국은 사드 배치가 자국의 안보에 위협이 된다고 주장했다. 특히 사드의 고성능 레이더가 중국 내 미사일 활동을 감시할 수 있다는 점에서 중국은 사드를 단순히 북한에 대한 방어 무기가 아닌 중국을 견제하려는 미국의 전략적 수단으로 인식했다. 이에 따라 시진핑 정부는 강력하게 반대 견해를 보이며 한국에 경제적 보복 조치를 가했다.

중국은 한국의 관광산업, 문화 콘텐츠, 소비재 수출 등 여러 분야에서 비공식적 제재를 가하기 시작했다. 대표적으로 한국의 롯데가 중국에서 큰 타격을 받았고, 한국의 대중문화 콘텐츠 수출도 제한되었다. 이 때문에 한중 관계는 냉각되었고, 양국 간의 정치적 긴장감이 고조되었다.

2017년 문재인 대통령이 취임한 후, 양국은 사드 문제로 인한 갈등을 완화하려는 외교적 노력을 기울였다. 문재인 정부는 중국과의 관계 회복을 위해 3불 정책(사드 추가 배치 반대, 미국 미사일 방어망 참여 반대, 한미일 군사동맹 불가)을 발표하며 중국의 우려를 완화하려 했다. 이후 양국은 관계 회복을 위한 대화를 지속하며, 경제 협력을 중심으로 한 관계 정상화를 도모했다.

한중 관계에서 중요한 부분은 북핵 문제에 대한 양국의 협력과 입장 차이다. 시진핑은 북한과의 전통적 우호 관계를 유지하면서도, 한반도의 안정과 비핵화를 지지하는 입장을 표명해 왔다.

시진핑 정부는 한반도 비핵화를 공식적으로 지지하면서, 한국과 미국이 추진한 대북 제재에 동참해 왔다. 특히 북한의 핵 실험과 미사일 발사 이후, 중국은 유엔 안보리 제재 결의안에 찬성하며 북한에 대한 제재를 강화했다. 이러한 측면에서 한국과 중국은 북한의 도발을 억제하고 한반도의 평화를 유지하기 위해 협력하는 모습을 보였다.

그러나 중국은 북한과의 전통적 동맹을 유지하면서도 경제적·외교적 지원을 계속해 왔다. 특히 시진핑은 2018년 김정은과의 정상 회담을 통해 북한과의 관계를 더욱 강화했으며, 이는 한국이 추진한 대북 협상 과정에서 중국의 중재자 역할을 강화하는 데 기여했다. 다만 중국은 한반도 비핵화라는 목표에서 한국과 협력하는 한편, 미국의 한반도 정책과는 다소 차별화된 견해를 보이기도 했다.

시진핑의 리더십 아래 한중 관계는 협력과 갈등이 공존하는 구조를 유지할 가능성이 크다. 양국은 경제적으로 깊이 얽혀 있으며, 한반도 문제와 같은 지역 안보 사안에서 협력의 여지가 크다. 그러나 미국과 중국 간의 경쟁이 심화되는 가운데, 한국은 미중 갈등 속에서 균형 외교를 시도해야 하는 도전에 직면해 있다. 시진핑의 중국은 강력한 국익 중심의 외교 정책을 유지할 것이므로, 이에 맞춰 한중 관계도 전략적으로 조정되어야 할 것이다.

Chapter 2

경제적 관계

시진핑 시기 한중의 경제적 관계는 양국 간의 상호 의존성이 높아지면서도, 동시에 새로운 도전과 긴장이 공존하는 복합적인 양상을 보였다. 한중 경제 관계는 주로 무역, 투자, 산업 협력을 중심으로 크게 발전했지만, 정치적 갈등과 세계 경제 구조 변화로 인해 마찰도 일부 발생했다.

시진핑 집권 이후, 한중 간의 경제 관계는 크게 강화되었다. 중국은 한국의 최대 무역 파트너로 자리 잡았으며, 한국은 중국의 중요한 경제 협력국 중의 하나로 인식되었다. 시진핑 집권 초기인 2015년, 한중 자유무역협정(FTA)이 발효되면서 양국 간의 경제적 교류가 한층 더 활발해졌다. FTA를 통해 관세 장벽이 낮아지고, 상품 및 서비스 교역이 촉진되었으며, 양국 기업 간의 협력이 더욱 긴밀해졌다. 특히 제조업, 전자 제품, 화학 공업 등에서 교역이 급격히 증가했다.

한중 수교 이후 양국의 무역 규모는 지속적으로 증가해왔으며, 시진핑 집권기에도 이러한 추세가 이어졌다. 중국은 한국의 최대 수출 시장이자 최대 수입국으로서 중요한 역할을 했다. 한국은 반도체, 전자 부품, 화학 제품 등을 중국에 수출했으며, 중국은 한국에 기계, 전기 제품, 농산물 등을 수출하면서 상호 의존적 무역 구조가 형성되었다.

시진핑 집권 이후 한국 기업들은 중국에 대규모 투자를 지속적으로 해왔다. 삼성, 현대, LG와 같은 대기업들은 중국 시장에서 생산 기지와 판매 네트워크를 구축하면서 현지화를 추진했다. 중국도 한국의 고급 기술과 산업 노하우에 대한 투자를 늘리며, 상호 투자 관계를 발전시켜 나갔다.

시진핑 시기의 한중 경제 관계에서 가장 큰 도전은 사드(THAAD) 배치로 인한 갈등이었다. 2016년 한국이 사드를 배치하면서 중국은 이를 강력히 반대했고, 이에 따른 경제적 보복 조치가 이어졌다.

중국 정부는 사드 배치 결정에 대한 비공식적인 경제 제재를 가했다. 대표적으로, 한국의 대표 기업인 롯데가 중국 내에서 사업상 어려움을 겪었고, 롯데마트는 중국 내에서 강도 높은 규제를 받으면서 다수의 매장이 폐쇄되었다. 또한, 한국 관광산업도 큰 타격을 입었다. 중국 정부는 한국으로의 단체 관광을 금지했고, 이는 한국 관광업계에 큰 손실을 초래했다.

중국은 한류 콘텐츠에 대한 제재도 강화했다. 한국 드라마, 영화, 음악 등이 중국 내 플랫폼에서 방영·배급되는 것이 제한되었고, 이는 한류의 확산에 악영향을 미쳤다. 한국 연예인들의 중국 활동도 제한되면서, 한중 간의 문화 교류 역시 침체되었다. 이러한 갈등으로 인해 한중 간의 경제 협력 관계는 일시적으로 냉각되었지만, 이후 양국 정부의 관계 회복 노력을 통해 경제 교류가 점진적으로 회복되었다.

시진핑 시기 한중 경제 협력은 주로 첨단 기술, 에너지, 제조업 등의 분야에서 이루어졌다. 한국의 기술력과 중국의 대규모 시장이 상호 보완적 관계를 형성하면서 다양한 분야에서 협력이 확대되었다.

한국은 반도체 분야에서 세계적인 경쟁력을 지니고 있으며, 중국은 이를 수입해 자국의 IT산업 발전에 활용해 왔다. 시진핑 집권기에도 중국은 한국으로부터 대규모 반도체를 수입하며, 자국의 전자산업과 스마트폰산업을 성장시켰다. 이 과정에서 삼성전자와 SK하이닉스 같은 한국 기업들이 중요한 역할을 했다.

한국의 자동차 기업들은 중국 내에서 활발한 생산 및 판매 활동을 펼쳤다. 현대자동차와 기아자동차는 중국 시장에서 큰 비중을 차지하는 제조업체로서 현지 생산 기지를 운영하며 중국 시장에 맞춤형 전략을 구사해 왔다. 특히 시진핑의 탄소 중립 정책과 맞물려 전기차 분야에서 협력이 증가하고 있다. 그리고 시진핑 정부는 환경 보호와 녹색경제를 중점적으로 추진하고 있으며, 이는 한중 간의 에너지 및 환경 분야 협력으로 이어졌다. 한국과 중국은 신재생 에너지, 에너지 절감 기술, 배출권 거래제 등의 분야에서 협력해 왔다.

시진핑 집권기에 벌어진 미중 무역전쟁은 한중 경제 관계에도 큰 영향을 미쳤다. 미국과 중국 간의 갈등이 심화되면서, 한국은 미중 간의 균형을 유지하는 경제적·외교적 전략을 모색해야 했다. 미중 무역전쟁으로 인해 글로벌 공급망이 재편되면서, 한국 기업들은 이에 맞춘 전략을 구상해야 했다. 중국 내 생산 기지를 유지하면서도 미국과의 무역을 고려한 새로운 생산 네트워크를 구축하는 데 어려움을 겪었다.

이에 따라 일부 한국 기업들은 중국 내 생산을 축소하고 동남아시아 등 다른 지역으로 생산 기지를 옮기는 전략을 채택했다.

한국은 미국의 대중국 견제 정책에 동참하는 압박을 받았지만, 동시에 중국과의 경제 관계도 유지해야 하는 어려운 상황에 직면했다. 시진핑 정부는 한국이 미국의 기술 동맹에 적극적으로 참여하는 것을 경계하면서, 한국이 경제적 중립을 유지하길 원했다. 이러한 상황이기에 한국은 반도체, 5G, 첨단 기술 분야에서 미국과 중국 간 신중한 선택을 해야 했다.

시진핑의 경제적 전략은 중국몽(中国梦)과 중국 중심의 경제 질서 구축을 목표로 하고 있다. 이는 한중 경제 관계에도 큰 영향을 미쳤다. 시진핑 정부의 일대일로 구상은 한국에도 영향을 미쳤다. 한국은 중국이 추진하는 대규모 인프라 프로젝트에 간접적으로 참여하면서, 유라시아 경제권의 형성에 관심을 보였다. 다만 한국은 BRI에 대한 적극적인 참여보다는 선별적 협력을 선택하면서, 미중 간의 경제 균형을 유지하려는 전략을 추구했다.

시진핑의 경제 정책은 중국 중심의 경제 질서를 강화하는 방향으로 진행되었다. 이를 통해 한국도 중국의 경제적 영향력 확대에 직간접적인 영향을 받았으며, 특히 5G 기술, 디지털 경제, 첨단 기술 분야에서의 협력이 중요한 논의 주제가 되었다.

시진핑 시기의 한중 경제 관계는 협력과 긴장이 공존하는 복합적인 양상을 보였다. 양국은 경제적으로 깊이 얽혀 있으며, 무역, 투자, 첨단 기술 협력 등의 분야에서 상호 의존적 관계를 형성해 왔다. 그러나 사드 배치 갈등과 미중 무역전쟁 같은 외부 요인은 한중 경제 관계에 일시적인 긴장과 도전을 불러왔다. 시진핑의 중국몽과 중국 중심 경제 전략은 한중 관계의 중요한 변수로 작용하고 있으며, 한국은 이러한 변화 속에서 경제적 균형을 유지하는 전략을 지속적으로 모색하고 있다.

Chapter 3

외교적 관계

시진핑 시기의 한중 외교적 관계는 협력과 갈등이 복합적으로 얽힌 복잡한 양상을 보였다. 시진핑이 집권한 이후, 한중 관계는 경제적 협력의 확대와 함께 다양한 정치적 요인으로 인해 여러 변화를 겪었다.

시진핑 정부는 한국과의 외교 관계를 중요하게 여기며, 양국 간의 정치적 신뢰를 강화하고 경제적 협력을 확대하는 방향으로 나아갔다. 시진핑은 2013년 한국을 공식 방문하면서 양국 관계를 전략적 협력 파트너십으로 격상시키는 데 기여했다. 박근혜 정부 시기에 한중 관계는 상대적으로 긍정적인 모습을 보였다. 두 정상 간의 회담이 자주 열렸고, 양국 간의 경제 협력과 문화 교류가 활성화되었다.

그러나 2016년 한국의 사드(THAAD) 배치 결정은 한중 외교 관계에 중대한 갈등을 초래했다. 중국은 사드 배치가 중국의 안보에 위협이 된다고 주장하며 강력히 반발했다. 중국 정부는 한국 기업에 대해 비공식적인 경제 보복 조치를 했으며, 이는 한국의 문화 콘텐츠와 관광

산업에 큰 타격을 입혔다. 한중 간의 외교적 긴장감이 고조되었고, 한국 정부는 이 상황을 타개하기 위해 3불 정책(사드 추가 배치 반대, 미국 미사일 방어망 참여 반대, 한미일 군사동맹 불가)을 선언하는 등 노력했다.

2017년 문재인 대통령이 취임한 이후, 한중 관계는 사드 문제로 인한 갈등을 극복하기 위한 노력이 시작되었다. 문재인 정부는 중국과의 관계 회복을 위해 여러 외교적 노력을 기울였고, 이를 통해 한중 정상 간의 대화가 다시 활성화되었다. 양국은 경제적·문화적 교류를 재개하면서 관계 회복을 위한 기반을 마련했다. 한국은 중국의 일대일로 구상에 참여하고, 다양한 분야에서 협력을 강화하는 방향으로 나아갔다.

북한의 핵 프로그램은 한중 외교 관계에서 중요한 이슈로 작용하고 있다. 시진핑 정부는 북한의 비핵화를 지지하며, 한국과 미국과의 협력을 통해 한반도의 평화를 도모하고자 했다. 그러나 중국은 북한과의 전통적 우호 관계를 유지하면서 한국과의 외교적 균형을 맞추려 했다.

북한의 도발과 관련하여, 중국은 한국과 미국이 추진한 제재에 동참하였고, 북한과의 대화를 통해 문제 해결에 기여하고자 했다. 시진핑 정부는 북한 문제에서 중국의 역할을 강조하며, 한반도 문제의 평화적 해결을 지지했다.

시진핑 집권 시기에 미중 간의 긴장이 심화되면서, 한국은 균형 외교를 시도해야 하는 어려움에 직면했다. 한국은 미국과의 동맹 관계를 유지하면서도 중국과의 경제적 협력을 소홀히 할 수 없는 상황에 처했다. 한국은 미국의 압박을 받으면서도 중국과의 경제적 관계를 고려해 상호 이익을 추구하는 외교 전략을 모색해야 했다.

시진핑 정부는 한중 간의 문화 교류를 중시하며, 양국 간의 이해와 친선을 도모하기 위해 다양한 문화 프로그램과 행사를 개최했다. 한국의 한류 콘텐츠가 중국에서 인기를 끌면서 양국 간의 문화적 소통이 증가했다. 한국과 중국은 서로의 언어 교육을 확대하고 유학생 교류를 활성화하여 인적 자원 교류를 강화했다. 이러한 교류는 양국 간의 친밀감을 높이는 데 기여했다.

시진핑 시기의 한중 외교적 관계는 협력과 갈등이 공존하는 복잡한 양상을 보였다. 시진핑 정부는 한국과의 전략적 협력을 강화하고자 했으나, 사드 문제와 미중 경쟁 등으로 인해 여러 도전에 직면했다. 그러나 문재인 정부와의 관계 회복 노력, 북한 문제에서의 협력, 문화적 교류 확대 등을 통해 한중 외교 관계는 지속적으로 발전해 나갈 가능성이 크다. 양국은 앞으로도 정치적·경제적·문화적 측면에서 상호 이익을 추구하는 방향으로 나아가야 할 것이다.

문화적 관계

시진핑 시기에 한중 문화적 교류는 양국 간의 이해와 우호를 증진하는 중요한 요인으로 자리 잡았다. 한국과 중국은 역사적으로 깊은 관계를 맺어왔으며, 문화적 교류는 양국 간의 관계를 강화하는 데 중요한 역할을 했다. 시진핑 집권 이후, 문화적 교류는 다음과 같은 주요 특징을 보였다.

시진핑 시기의 한중 문화적 교류에서 가장 두드러진 현상은 한류의 확산이다. 한국의 대중문화가 중국에서 큰 인기를 얻으면서 문화적 교류가 더욱 활발해졌다. 한국의 K-POP과 드라마는 중국에서 폭발적인 인기를 끌었다. BTS, EXO, 블랙핑크 등 한국 아이돌 그룹이 중국 팬들에게 큰 사랑을 받으며, 한국 드라마는 중국 TV에서 높은 시청률을 기록했다. 이는 양국 간의 문화적 소통과 상호 이해를 증진하는 계기가 되었다.

한류의 확산과 함께 한국의 음식과 패션도 중국에서 인기를 끌었다. 한국 음식점이 중국 전역에 생겨나면서 한식에 대한 관심이 높아졌고, 한국의 패션 브랜드도 중국 시장에서 인기를 끌고 있다.

시진핑 정부는 한중 문화 교류를 증진하기 위해 다양한 프로그램과 행사를 개최했다. 2015년에는 한중 문화교류의 해가 선포되어 양국 간의 문화 행사와 프로그램이 대대적으로 개최되었다. 양국의 예술가, 작가, 음악가들이 참여하는 행사들이 개최되면서 서로의 문화를 이해하고 공유하는 기회가 확대되었다. 한국과 중국의 정부, 문화 단체, 예술가들이 서로 방문하여 공연, 전시회, 학술 세미나 등을 개최했다. 이러한 교류는 양국 간의 문화적 유대를 강화하는 데 기여했다.

교육과 인적 교류는 한중 문화적 관계에서 중요한 요인으로 작용했다. 많은 한국 학생이 중국으로 유학하고, 중국 학생들도 한국으로 유학하는 경향이 커졌다. 이러한 유학생 교류는 두 나라 간의 문화적 이해도를 높이는 데 큰 역할을 했다. 한국과 중국은 상대국 언어 교육을 확대하고, 서로의 언어와 문화를 배우는 프로그램을 추진했다. 한국에서는 중국어 교육이 활성화되고 있으며, 중국에서도 한국어 교육이 인기를 끌고 있다.

시진핑 시기에는 한국과 중국 간의 문화 콘텐츠의 상호 수출이 증가했다. 중국의 드라마와 영화가 한국에서 상영되고, 한국 시장에 진출하는 사례가 늘어났다. 이는 한국 관객들에게 중국 문화를 소개하는 기회를 제공했다. 그리고 한국과 중국의 문화산업은 협업 프로젝트를 통해 공동 콘텐츠를 제작하고 있다. 이는 양국의 문화적 특성을 반영한 다양한 콘텐츠를 생산하는 데 기여하고 있다.

시진핑 시기에 한중 문화적 교류가 활발히 진행되었지만, 사드

(THAAD) 배치 이후 일부 갈등이 발생하기도 했다. 사드 배치 이후 중국 정부는 한국 대중문화 콘텐츠에 대한 규제를 강화했다. 한국 드라마, 영화, 음악 등이 중국 내에서 방영되는 것이 제한되면서, 한류의 확산에 부정적인 영향을 미쳤다. 이러한 문화적 갈등 때문에 양국 간의 문화 교류는 일시적으로 위축되었다. 그러나 이후 문재인 정부는 중국과의 관계 회복을 위한 노력을 기울였고, 이는 문화적 교류에서도 영향을 미쳤다. 양국 정부는 문화 행사와 교류 프로그램을 통해 관계를 회복하고, 문화적 소통을 촉진하는 방향으로 나아갔다.

시진핑 시기 한중 문화적 교류는 한류의 확산, 문화 행사와 교육 프로그램의 확대, 상호 문화 콘텐츠의 수출 등 다양한 측면에서 활성화되었다. 그러나 사드 배치 이후의 갈등은 한중 간의 문화 교류에 일시적인 영향을 미쳤다. 앞으로도 양국은 문화적 소통을 통해 서로를 이해하고, 우호 관계를 강화하는 방향으로 나아가야 한다.

한중 문화적 교류는 앞으로도 중요한 역할을 할 것으로 예상된다. 양국 간의 정치적·경제적 관계와 함께 문화적 교류가 더욱 심화될 가능성이 크다. 한중 문화 교류는 협력과 경쟁이 공존하는 구조를 유지할 가능성이 있다. 한류의 인기가 높아지면서 한국 문화에 대한 중국의 관심이 커지고 있지만, 중국은 자국의 문화 콘텐츠를 강화하려는 노력을 지속할 것이다. 이러한 상황에서 양국은 상호 존중과 협력을 기반으로 한 문화적 교류를 지속해야 할 것이다.

Chapter 5

안보 관계

시진핑 시기의 한중 안보 관계는 양국 간의 복잡한 안보 환경을 반영하며, 정치적 긴장, 지역적 이슈, 외부 요인들이 얽혀 있는 양상을 보였다. 시진핑 정부는 한국과의 안보 관계를 중요하게 여기며, 두 나라 간의 전략적 파트너십을 기반으로 한 협력을 추진했다. 이 과정에서 양국은 상호 신뢰 관계를 구축하기 위한 다양한 대화와 협력 기구를 설계했다.

북한의 핵과 미사일 프로그램은 한중 간의 안보 협력에서 가장 중요한 이슈 중 하나다. 중국은 북한과의 전통적 우호 관계를 바탕으로, 북한의 비핵화 문제에 대해 한국과의 협력을 강조했다. 그리고 중국은 유엔 안보리의 대북 제재 결의에 동참하여 북한에 대한 압박을 유지하면서도, 북한 체제의 안정을 위해 대화의 필요성을 강조했다. 한국은 이러한 중국의 입장과 협력을 통해 북한 문제 해결을 위한 공동의 노력을 기울였다.

184 새 시대를 이끄는 시진핑과 한중 관계

사드 배치 이후 중국은 한국에 대한 경제적 보복 조치를 했고, 이는 양국 간의 신뢰 관계를 약화시키는 결과를 초래했다. 한국은 이러한 상황을 극복하기 위해 중국과의 안보 대화 채널을 복원하려고 노력했다. 또한 미중 간의 경쟁이 심화되면서 한국은 미국과의 안보 동맹을 유지하면서도, 중국과의 경제적 협력을 고려해야 하는 복잡한 상황에 놓였다. 한국은 미중 간의 갈등 속에서 균형 외교를 추구하며, 두 강대국 사이에서의 외교적 입장을 조율해야 했다.

미국의 대중국 전략이 강화되면서 한국은 한미 동맹을 더욱 공고히 하고, 미국의 군사적 지원을 확보하기 위해 노력했다. 이러한 상황에서 한국은 중국과의 안보 대화를 재개하는 방안을 모색했다.

시진핑 정부는 아시아·태평양 지역에서의 안보 협력을 중요시하며, 한국과의 다자 간 안보 협력을 추진했다. 양국은 상하이협력기구(SCO), 동아시아 정상회의(EAS) 등 다양한 다자 간 기구를 통해 안보 문제에 대한 공동의 대응 방안을 모색했다. 한중 간의 안보 대화 채널은 상호 신뢰 관계를 구축하고, 지역 안보 문제에 대한 협력을 증진하는 데 중요한 역할을 했다. 이러한 대화는 양국 간의 긴장을 완화하고, 협력의 기초를 마련하는 데 기여했다.

한중 간의 안보 관계는 전통적인 군사안보 이슈뿐만 아니라, 비전통적 안보 문제에도 확대되었다. 양국은 테러, 사이버 안보, 자연재해 대응 등 다양한 분야에서의 협력을 강화하기 위해 노력했다. 그리고 한중 간의 재난 대응 협력은 인도적 지원과 인프라 지원을 통해 강화되었다. 두 나라는 자연재해나 인도적 위기에 대응하기 위해 상호 협력을 모색하고 있다.

시진핑 시기 한중 안보 관계는 전략적 협력, 북한 문제, 사드 배치로 인한 갈등, 미중 간의 경쟁 등의 다양한 요소가 얽힌 복잡한 양상을 보였다. 양국은 상호 신뢰 관계를 구축하기 위해 다양한 채널을 통해 안보 협력을 확대하려고 노력했지만, 외부 요인으로 인한 갈등은 여전히 존재한다. 앞으로도 한중 간의 안보 관계는 지역 및 글로벌 환경에 따라 변화할 가능성이 크며, 두 나라는 협력과 갈등 사이에서 균형을 찾아야 할 것이다.

PART 6

시진핑과 한중 교류

Chapter 1

시진핑 체제 이후의 한중 관계

시진핑 체제 이후의 한중 관계는 중국과 한국의 정치·경제·외교적인 변화에 따라 다양한 경로로 발전할 가능성이 있다. 시진핑 체제에서 중국은 한국과 경제적 협력을 강화하고 있지만, 동시에 외교적·안보적 긴장도 지속되어 왔다. 따라서 시진핑 체제 이후의 한중 관계는 시진핑 시기에 형성된 여러 양상을 바탕으로 전개될 것으로 예상된다.

경제적 협력의 지속 여부

한중 관계의 핵심 중 하나는 경제적 협력이다. 시진핑 시기에 한국과 중국은 RCEP(역내포괄적경제동반자협정), FTA(자유무역협정) 등 다양한 다자 및 양자 경제 협정을 통해 상호 무역을 강화했다. 한국은 중국의 중요한 무역 파트너로 자리 잡고 있으며, 중국 역시 한국의 최대 수출 시장 중의 하나로 남아 있다.

시진핑 체제 이후에도 양국 간의 경제적 협력은 지속될 가능성이 크다. 특히 첨단 기술(반도체, AI, 5G), 신재생 에너지 및 녹색경제 분야에서의 협력은 한중 관계의 중요한 축이 될 수 있다. 중국은 이러한 분야에서 선도적인 기술을 확보하려 하고 있으며, 한국은 기술 개발과 관련한 중요한 파트너로 남을 것이다.

그러나 경제적 협력에도 도전이 있다. 예를 들어, 미중 무역 갈등이 심화되거나, 미국 중심의 반도체 동맹과 같은 경제적 블록화가 강화되면, 한국은 경제적으로 중국과 미국 사이에서 균형을 유지하는 데 어려움을 겪을 수 있다. 시진핑 체제 이후에도 중국은 자국의 이익을 극대화하기 위해 한국과의 경제적 협력을 지속하겠지만, 이러한 외부 요인들이 한중 관계에 영향을 미칠 수 있다.

외교적 긴장과 안보

시진핑 시기에는 사드(THAAD) 배치 문제를 비롯해 한중 간 외교적 긴장도 존재했다. 사드 배치로 인해 중국은 한국에 경제적 보복을 가하며 강력히 반발했으며, 이는 양국 관계에 큰 파장을 미쳤다. 그러나 이후 양국은 외교적 해법을 통해 관계를 복구하려는 노력을 기울였다.

시진핑 체제 이후에도 이러한 안보 관련 갈등은 잠재적인 불안 요인으로 남아 있을 가능성이 크다. 한반도 문제, 특히 북핵 문제는 한중 관계에서 중요한 요인으로 남을 것이다. 중국은 북한의 전략적 동맹국이자 비핵화 협상에서 중요한 역할을 맡고 있으며, 한국은 이러한 과정에서 중국과의 협력을 중요하게 여긴다.

시진핑 체제 이후 중국이 한반도 문제에서 더 적극적인 역할을 할지, 혹은 내부 안정과 국제 관계 변화에 집중할지에 따라 한중 간의 외교적 협력 또는 갈등이 발생할 수 있다.

중국의 대외정책 변화

시진핑 체제 이후 중국의 대외정책이 온건해질 것인지, 아니면 중국 중심의 세계 질서 구축을 가속할 것인지에 따라 한중 관계는 달라질 수 있다. 시진핑 체제하에서는 강력한 애국주의와 중국몽을 앞세워 중국의 영향력을 확대하려는 전략이 주류였다. 중국이 이러한 노선을 지속적으로 유지한다면, 한국은 미국과의 동맹과 중국과의 경제 협력 사이에서 신중한 외교적 균형을 찾아야 할 것이다.

하지만 시진핑 체제 이후 통치부가 중국의 국제적 이미지를 개선하고 다른 국가들과의 협력을 강화하는 방향으로 정책을 변경하면, 한중 관계는 더욱 협력적인 방향으로 나아갈 수 있다. 중국이 다자주의를 강조하고, 한국과 협력하여 국제 문제를 해결하려는 움직임을 보일 가능성도 있다.

지역 안보와 중국의 군사적 팽창

중국의 군사적 팽창과 해양 전략은 한국에 중요한 안보적 관심사다. 시진핑 체제하에서는 중국이 남중국해, 동중국해에서의 군사적 영향력을 강화하고 있으며, 이는 한국과 미국, 일본 간의 군사적 협력에 영향을 미치고 있다. 시진핑 체제 이후에도 중국이 군사력을 확대하고, 동북아시아 지역에서의 영향력을 강화하려 한다면 한중 관계는 안보분야에서 도전에 직면할 가능성이 크다.

문화 및 인적 교류

시진핑 시기에는 한류(韓流)가 중국에서 큰 인기를 끌었지만, 정치적 갈등으로 인해 한국 문화 콘텐츠에 대한 제재가 가해지기도 했다. 그러나 시진핑 체제 이후에는 문화적 교류가 다시 활발해질 수 있으며, 한국과 중국 간의 민간 교류와 문화적 협력이 관계 개선의 중요한 동력이 될 수 있다.

한편, 유학생 교류와 관광산업도 한중 관계에서 중요한 역할을 하고 있으며, 시진핑 체제 이후 이 분야가 다시 활성화될 가능성이 있다. 이는 양국 국민 간의 이해를 증진하고, 상호 협력의 기반을 다질 수 있는 긍정적인 요인으로 작용할 수 있다.

시진핑 체제 이후의 한중 관계는 경제적 협력을 기반으로 하면서도, 외교적 갈등과 안보적 도전을 동시에 안고 갈 가능성이 크다. 중국의 대외 정책 변화, 미중 관계, 한반도 문제 등 여러 외부 요인이 한중 관계에 영향을 미칠 것이며, 한국은 이러한 변화에 대응해 경제·외교·안보 측면에서 균형 있는 전략을 수립해야 할 것이다.

Chapter 2

경제적 교류

한중 간의 경제적 교류는 1992년 수교 이후 급격히 성장하여 양국 경제에 막대한 영향을 미치고 있다. 긴밀한 경제 관계는 양국 간 상호 의존성을 높이고, 동아시아 지역의 경제 발전에 기여하고 있다.

양국은 지리적으로 가까워 물류 비용이 저렴하고, 교류가 활발하게 이루어질 수 있는 조건을 갖추고 있다. 그리고 한국은 중국에 부품과 소재를 수출하고, 중국은 완제품을 생산하여 한국에 수출하는 등 상호 보완적인 관계를 형성하고 있다. 또한 양국 정부는 자유무역협정(FTA) 체결 등을 통해 무역 장벽을 낮추고, 교류를 확대하기 위한 노력을 기울여 왔다.

양국 간 경제 교류는 앞으로도 지속적으로 성장할 것으로 예상된다. 특히, 4차 산업혁명 시대를 맞이하여, 양국은 신기술 분야에서 협력을 강화하고 성장 동력을 창출할 것으로 기대된다. 그리고 양국 간 교역 품목은 더욱 다양화될 것이며, 서비스산업 분야의 교류도 확대될 것으로 전망된다. 또한 양국은 글로벌 가치 사슬 내에서 협력을 강화하여, 상호 보완적인 역할을 수행할 것으로 예상된다.

그러나 한중 경제 교류는 세계적인 보호무역주의 확산은 양국 간 무역에 부정적인 영향을 미칠 수 있으며, 미중 간의 갈등 심화는 양국 간 경제 관계에도 영향을 미칠 수 있다.

| 한중 간의 무역 교류

한중 간의 무역 교류는 양국 수교 이후 급격히 성장하여, 현재 양국 경제에서 매우 중요한 부분을 차지하고 있다. 세계 최대 규모의 교역 관계에서 한국은 중국의 최대 수입국이자 제3위의 수출국이며, 중국은 한국의 최대 수출국이자 최대 수입국이다. 양국 간의 무역 규모는 세계 최대 규모 중의 하나다.

교류 초기에는 경공업 및 중화학공업 위주의 교류가 주를 이루었지만, 현재는 반도체, 디스플레이 등 고부가가치 산업 분야로 확대되었다.

한국은 중국에 부품과 소재를 수출하고, 중국은 완제품을 생산하여 한국에 수출하는 등 상호 보완적인 관계를 형성하고 있다. 한중 간의 무역 교류는 양국 경제의 핵심 요인으로, 역사적으로 중요한 경제적 관계를 형성하고 있다. 최근 몇 년간의 동향을 바탕으로 한중 무역 교류의 주요 특징과 동향을 정리하면 다음과 같다.

무역 규모의 확대

한중 간의 무역은 1992년 외교 관계 수립 이후 급격히 증가했다.

2023년에는 한국의 중국 수출액은 3,421억 달러를 초과하였고, 중국으로부터의 수입액은 2,563억 달러를 초과하였으며, 중국은 한국의 최대 무역 파트너국이 되었다. 2023년 기준으로 한국의 전체 수출에서 중국이 차지하는 비율은 약 25%에 달하며, 중국의 전체 수출에서도 한국이 중요한 시장으로 자리 잡고 있다.

그러나 2023년부터 한국과 중국 간의 무역 관계는 극적으로 변화하여 수십 년 만에 처음으로 수입증감률이 −5.6%로 적자를 기록했다. 역사적으로 중국은 한국의 가장 큰 무역 흑자 파트너였지만, 중국의 경기 침체와 한국 수출에 대한 수요를 감소시킨 '제로 코로나' 정책을 포함한 다양한 요인으로 인해 상황이 바뀌었다. 2023년 초까지 한국은 중국과의 무역에서 적자를 기록했고, 2월까지 약 50억 달러의 격차를 보였으며, 이는 수출 감소와 수입 증가, 특히 산업 자재의 증가로 인해 발생했다.

지난 몇 년 동안 한국이 중국과 무역을 하면서 생긴 흑자는 상당했으며, 2022년에 888억 달러로 정점에 도달했지만, 2023년에는 추세가 반전되어 858억 달러로 감소하여 경제 역학에 장기적인 변화가 있을 가능성이 있다.

<표 6-1> 한국과 중국의 무역 교역량

(단위: 금액 - 천 달러, 증감률 - %)

| 순번 | 연도 | 수출 | | 수입 | | 수지 |
		수출액	수출 증감률	수입액	수입 증감률	
1	2023년	3,421,739,228	-5.1	2,563,585,472	-5.6	858,153,755
2	2022년	3,604,497,625	7.1	2,715,536,750	1.4	888,960,874
3	2021년	3,367,037,165	29.7	2,678,835,986	30.0	688,201,179
4	2020년	2,596,880,099	4.0	2,059,991,667	-0.4	536,888,432
5	2019년	2,497,948,323	0.4	2,068,554,265	-2.3	429,394,058
6	2018년	2,488,544,077	9.2	2,117,142,583	18.3	371,401,494
7	2017년	2,279,162,136	6.8	1,789,999,733	17.5	489,162,402
8	2016년	2,134,872,317	-6.4	1,522,886,366	-4.9	611,985,951
9	2015년	2,280,437,122	-2.7	1,601,598,427	-18.4	678,838,694
10	2014년	2,343,222,126	6.0	1,963,105,197	1.1	380,116,929

[그림 6-1] 한국과 중국의 무역 교역량

(단위: 금액 - 천 달러, 증감률 - %)

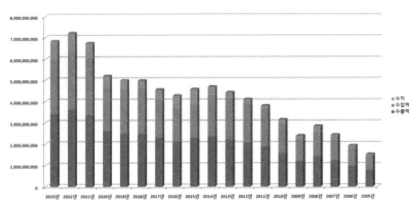

주요 수출입 품목

한국의 대중국 주요 수출 품목은 반도체, 전자제품, 자동차, 화학 제품 등이다. 특히 반도체는 한국의 수출에서 중요한 역할을 하며, 중국은 한국 반도체의 주요 소비 시장이다. 한국의 대중국 주요 수출 품목은 다음과 같다.

- **반도체:** 메모리 반도체, 시스템 반도체 등 한국의 강점인 반도체산업은 중국 시장에서 큰 비중을 차지한다. 스마트폰, 컴퓨터 등 다양한 전자 제품의 생산에 필수적인 부품으로, 중국 제조업 발전에 기여하고 있다.
- **디스플레이:** OLED, LCD 등 디스플레이 패널은 한국의 주력 수출 품목 중 하나다. 중국의 스마트폰 제조업체, TV 제조업체에 공급되며, 고화질 디스플레이에 대한 수요가 증가하고 수출이 확대되고 있다.
- **자동차 부품:** 중국 자동차산업이 성장하면서 엔진, 변속기 등 자동차 부품의 수출이 증가하고 있다. 특히, 전기차 부품에 대한 수요가 급증하면서 관련 산업의 성장을 이끌고 있다.
- **석유화학 제품:** 석유화학 제품은 플라스틱, 섬유 등 다양한 산업의 원료로 사용된다. 중국이 급격하게 산업화되면서 수요가 증가하고, 한국의 석유화학산업 성장에 기여하고 있다.

<표 6-2> 2023년 중국 주요 수출 품목

(단위: 금액 - 달러, 비율 - %)

순번	수출 품목	수출	비율	전년 비
1	반도체	361.5억	29.0	-30.6
2	합성수지	71.7억	5.7	-22.9
3	무선 통신기기	69.9억	5.6	-7.1
4	정밀화학원료	62.3억	5.0	-2.8
5	디스플레이	42.6억	3.4	-34
6	석유화학 중간 원료	42.6억	3.3	-12.7
7	기초 유분	40.1억	3.3	-10.3
8	석유제품	36.6억	2.9	-17.1
9	반도체 제조 장비	30.5억	2.4	-12.2
10	계측 제어 분석기	29.0억	2.2	-12.7

중국은 한국에 기계류, 전자제품, 섬유, 화학제품 등을 수출하고 있으며, 한국은 이러한 제품들의 주요 소비 시장 중 하나다. 중국의 대한국 주요 수출 품목은 다음과 같다.

- **전기 전자 제품**: 스마트폰, 컴퓨터, 가전제품 등 중국의 전기 전자 제품은 가격 경쟁력을 바탕으로 한국 시장에서 큰 인기를 얻고 있다.
- **자동차 부품**: 중국은 자동차 부품 생산 규모가 세계 최대 수준이며, 한국 자동차 산업에 부품을 공급하고 있다.
- **섬유**: 의류, 침구류 등 섬유 제품은 중국의 저렴한 생산 비용을 바탕으로 한국 시장에서 경쟁력을 확보하고 있다.
- **기계류**: 산업용 기계, 공작기계 등 중국의 기계류는 가격 경쟁력을 바탕으로 한국 시장에 진출하고 있다.

향후 한중 무역 교류는 지속적으로 성장할 것으로 예상된다. 특히 중국의 경제 규모가 확대됨에 따라 한국 제품의 수요도 증가할 것으로 보인다. 특히 반도체, 인공지능, 바이오 및 환경 산업 등 신산업 분야에서의 협력이 강화될 것으로 예상되며, 이는 양국 간의 경제적 관계를 더욱 깊게 할 것이다.

한중 간의 무역 교류는 경제적으로 상호 의존성이 크며, 양국의 발전에 중요한 역할을 하고 있다. 다양한 분야에서의 협력과 상호 이해를 바탕으로 긍정적인 관계 발전을 도모하는 것이 앞으로의 과제다. 이러한 무역 관계의 강화는 동아시아 지역의 경제적 안정과 발전에도 기여할 것이다.

한중 간의 투자 교류

한중 간의 투자 관계는 양국 경제의 상호 의존성을 강화하고 있으며, 각국의 기업들이 새로운 시장과 기회를 탐색하는 데 중요한 역할을 하고 있다. 다음은 한중 간의 투자 관계의 주요 특징과 동향을 정리한 것이다.

한국의 대중국 투자

한국의 대기업들이 중국 시장에 진출하여 생산 시설을 확장하고, 현지화 전략을 추진하고 있다. 예를 들어, 삼성, LG, 현대자동차 등은 중국에서 큰 시장 점유율을 차지하고 있다.

한국의 대중국 투자는 1992년 외교 관계 수립 이후 지속적으로 증가하였다. 2020년 기준으로, 한국의 대중국 누적 투자액은 약 640억 달러에 달하며, 이는 한국의 전체 해외 투자에서 큰 비중을 차지한다.

한국 기업들은 주로 제조업, 전자, 자동차, 화학 및 IT 분야에서 대중국 투자를 확대하고 있다. 특히 삼성, LG, 현대자동차와 같은 대기업이 중국 내에서 주요 생산 시설을 운영하고 있다.

중국의 한국 투자

중국 기업들도 한국 시장에 대한 투자를 확대하고 있으며, 특히 IT, 전자, 자동차 산업 분야에서 활발한 협력이 이루어지고 있다. 중국의 한국에 대한 투자는 증가하는 추세에 있으며, 특히 2010년대 중반 이후 눈에 띄는 성장세를 보였다. 2020년 기준으로, 중국의 한국에 대한 누적 투자액은 약 50억 달러를 초과했다. 중국 기업들은 한국의 IT, 스타트업, 부동산 및 엔터테인먼트 산업에 대한 투자를 강화하고 있다. 이는 한국의 혁신적인 기술과 시장을 활용하려는 데 그 목적이 있다.

투자 협력 및 합작 투자

한중 양국 기업들은 합작 투자 형태로 새로운 프로젝트를 진행하는 경우가 많다. 이러한 합작 기업은 양국의 기술과 자본을 결합하여 시너지를 창출하는 데 기여하고 있다. 그리고 양국 간의 협력은 기술 혁신과 연구개발에도 긍정적인 영향을 미치고 있다. 예를 들어, 한국의 반도체 기술과 중국의 생산 능력을 결합하여 경쟁력을 높인 사례가 있다.

투자 환경 변화

양국 정부는 서로의 투자 환경을 개선하기 위해 다양한 정책적 지원을 하고 있다. 한국 정부는 중국 내 한국 기업의 활동을 지원하는 정책을 펼치고 있으며, 중국 정부는 한국 기업에 대한 투자를 유도하기 위한 정책을 시행하고 있다. 그러나 사드(THAAD) 배치와 같은 안보 문제로 인해 한중 간의 경제적 갈등이 발생한 적이 있지만, 이러한 갈등은 시간이 지나면서 어느 정도 해소되고 있다. 갈등이 해결되면 투자 관계가 더욱 활성화될 것으로 기대된다.

한중 간의 투자 관계는 앞으로도 계속 성장할 것으로 예상된다. 특히, 디지털 경제와 그린 바이오 경제 분야에서의 협력이 확대될 가능성이 크다. 그러나 글로벌 경제의 변화에 따라 한중 간의 투자 관계는 더욱 복잡해질 수 있으며, 양국은 새로운 기회를 모색하고 협력 방안을 마련해야 할 것이다.

한중 간의 투자 관계는 양국의 경제적 상호 의존성을 강화하고 있으며, 다양한 산업 분야에서 협력이 이루어지고 있다. 지속적인 투자 성장은 양국의 경제 발전뿐만 아니라 동아시아 지역의 경제적 안정에도 기여할 것이다. 이러한 투자 관계는 앞으로도 상호 이해와 협력을 통해 더욱 깊어질 것으로 기대된다.

| 한중 간의 기술 협력

한중 간의 기술 협력은 양국의 경제성장과 산업 발전에 중요한 역할을 하고 있으며, 다양한 분야에서의 협력은 상호 이익을 증진하고 있다. 시진핑 집권 이후 한중 기술 협력의 주요 동향과 특징을 살펴보겠다.

정보통신 기술(ICT)

한국은 5G 기술 분야에서 세계적인 선두 주자로 자리 잡고 있으며, 중국도 ICT 분야에서 크게 발전하고 있다. 양국은 5G 기술 및 인프라 구축에 관한 협력을 통해 상호 발전을 도모하고 있다. 그리고 한국의 스마트 시티 기술과 중국의 대규모 도시 개발 프로젝트 간의 협력도 이루어지고 있다. 이러한 협력은 도시 관리와 생활 편의성을 높이는 데 기여하고 있다.

반도체

한국의 반도체 기술과 중국의 시장은 상호 보완적인 관계에 있다. 한국의 반도체 기업들이 중국에 생산 시설을 두고 있으며, 양국 간의 기술·생산 협력이 강화되고 있다. 그리고 양국은 반도체 기술의 연구 개발에서도 협력하고 있으며, 이는 글로벌 반도체 시장에서의 경쟁력을 높이는 데 기여하고 있다.

신재생 에너지

한중 간의 신재생 에너지 분야에서의 협력도 강화되고 있다. 한국의 태양광 및 풍력 발전 기술과 중국의 대규모 생산 능력을 결합하여 상호 이익을 도모하고 있다. 그리고 기후변화에 대응하기 위해 양국은 신재생 에너지 기술의 발달과 이를 통한 환경 보호에 협력하고 있다.

자동차 산업

한국의 자동차 제조업체들은 중국의 전기차 시장에 대한 투자를 확대하고 있으며, 자율주행차 기술에서도 협력이 이루어지고 있다. 양국 간의 기술 교류는 전 세계 자동차 산업의 혁신을 촉진하는 데 기여하고 있다. 그리고 한국의 자동차 부품 기업들은 중국 시장에 진출하여 상호 협력하고 있으며, 이는 양국의 자동차 산업 경쟁력을 높이는 데 기여하고 있다.

인공지능 및 빅데이터

인공지능 분야에서도 한중 간의 협력이 강화되고 있다. 한국과 중국의 연구기관 및 기업들은 AI 기술 개발 및 응용 분야에서 공동 연구를 진행하고 있다. 그리고 빅데이터 분석 기술에 대한 협력도 이루어지고 있으며, 양국은 다양한 산업 분야에서 데이터를 활용하여 비즈니스 모델을 혁신하고 있다.

인적 자원 및 교육

양국의 대학 및 연구기관 간의 협력이 증가하고 있으며, 학생 및 연구자 간의 인턴십 프로그램도 활성화되고 있다. 이러한 인적 자원 교류는 기술 협력을 더욱 촉진하는 데 기여하고 있다. 그리고 한중 간의 학술 협력이 강화되면서 기술 혁신과 연구개발을 위해 함께 노력하고 있다.

향후 한중 기술 협력은 더욱 중요해질 것으로 예상된다. 기술 혁신과 경쟁력 강화를 위해 양국 간의 협력이 필수적이며, 글로벌 시장에서의 경쟁력을 높이기 위해 함께 노력해야 한다. 4차 산업혁명에 대응하기 위해 양국은 서로의 강점을 활용하여 기술 혁신을 이루고, 산업 전환을 추진해야 한다.

한중 간의 기술 협력은 다양한 산업 분야에서의 협력과 인적 자원 교류를 통해 상호 이익을 증진하고 있다. 이러한 협력은 양국의 경제 성장뿐만 아니라 글로벌 기술 혁신에도 기여할 것으로 기대된다. 앞으로도 한중 간의 기술 협력은 지속적으로 발전할 것이며, 이는 동아시아 지역의 경제적 안정과 발전에 중요한 요인으로 작용할 것이다.

| 한중 자유무역협정(FTA)

한중 자유무역협정(FTA)은 대한민국과 중화인민공화국 간의 자유로운 무역을 위한 협정이다. 2015년 12월 발효된 이후 양국 간 교역 및 투자를 활성화하고, 경제 협력을 강화하는 데 중요한 역할을 하고 있다. 한중 FTA의 주요 내용은 다음과 같다.

- 관세 철폐: 양국 간에 교역되는 대부분의 상품에 대한 관세가 단계적으로 철폐되어, 기업들의 생산 비용을 절감하고 경쟁력을 강화하는 데 기여했다.
- 비관세 장벽 완화: 기술규제, 인증 절차 등 비관세 장벽을 완화하여, 상품의 이동을 원활하게 하고 있다.

- **서비스 시장 개방:** 서비스 분야의 교역을 확대하고, 투자 환경을 개선하여 양국 서비스산업의 발전을 도모하고 있다.
- **지식재산권 보호 강화:** 지식재산권 보호를 강화하여, 창의적인 산업 발전을 지원하고 있다.

한중 FTA의 효과는 다음과 같다.
- **교역 증대:** 한중 FTA 발효 이후 양국 간의 교역 규모가 크게 확대되었으며, 다양한 산업 분야에서 협력이 확대되었다.
- **투자 활성화:** 양국 간 투자도 활성화되어, 생산 기지 구축 및 기술 협력이 강화되었다.
- **경제성장 촉진:** FTA를 통해 양국 경제의 성장 잠재력을 높이고, 일자리 창출에 기여했다.
- **소비자 후생 증대:** 관세 인하로 인해 소비자들은 더 저렴한 가격으로 다양한 상품을 구매할 수 있게 되었다.

한중 FTA의 과제 및 향후 전망은 대기업 중심으로 FTA의 혜택이 집중되는 경향이 있어, 중소기업 지원을 위한 정책을 마련해야 한다. 그리고 서비스 시장 개방을 더욱 확대하여, 양국 서비스산업의 경쟁력을 강화해야 한다. 또한 비관세 장벽을 완전히 해소하고, 규제 개혁을 통해 투자 환경을 개선해야 한다. 그리고 미중 무역 분쟁이 심화되면, 한중 FTA의 효과가 제한될 수 있으므로, 대응 방안 마련이 필요하다.

한중 FTA는 양국의 경제 관계 발전에서 중요한 역할을 하고 있으며, 앞으로도 지속적인 성장이 기대된다. 하지만 중소기업 지원, 서비스 시장의 개방 확대 등 해결해야 할 과제도 남아 있다. 양국 정부는 지속적인 협력을 통해 FTA의 효과를 극대화하고, 성장 동력을 창출해야 할 것이다.

Chapter 3

정치적 교류

한중 관계는 경제적으로는 긴밀하게 얽혀 있지만, 정치적으로는 다양한 요인으로 인해 복잡한 양상을 보이고 있다. 양국 간의 교역 및 투자가 급증하며 경제적 상호 의존성이 높아졌다. 특히, 중국은 한국의 최대 교역 상대국이며, 한국은 중국의 중요한 투자 대상국으로 양국 간 인적 교류가 활발해지면서 문화 교류도 활발하게 이루어지고 있다. 이처럼 동북아 지역의 평화와 안정을 위한 협력을 강화하고 있다.

그러나 고고도미사일방어체계(THAAD) 배치 문제로 인해 양국 관계가 경색된 적이 있으며, 여전히 여파가 있으며, 미중 간의 전략적 경쟁 심화는 한중 관계에도 영향을 미치고 있다. 또한 북한 핵 문제에 대한 양국의 입장 차이가 존재하며, 이는 한중 관계에 간접적인 영향을 미치고 있다. 그리고 중국의 신장·홍콩 문제에 대한 국제사회의 비판이 거세지면서 인권 문제를 둘러싼 양국 간의 입장 차이가 발생하고 있다.

이러한 상황에도 불구하고 양국 간의 경제적 상호 의존성이 높아짐에 따라, 경제 협력은 지속될 것으로 예상된다. 특히, 4차 산업혁명 시대를 맞이하여, 양국은 신기술 분야에서 협력을 강화하고 성장 동력을 창출할 것으로 기대된다. 또한 과거사 문제 해결을 위한 노력이 지속될 필요가 있기 때문에 양국 정부는 역사 문제를 정치적으로 이용하지 않고, 미래지향적인 관계 발전을 위해 노력해야 한다. 또한 양국 간의 소통 채널을 확대하고, 고위급 교류를 활성화하여 오해와 갈등을 해소해야 하며, 미중 관계 변화에 따라 한중 관계도 유연하게 대응해야 한다.

다음은 시진핑의 정치적 교류를 위한 노력이다.

┃ 한중 간의 경제적 협력과 정치적 연대

한중 간의 경제적 협력과 정치적 연대는 상호 보완적인 관계를 형성하며, 두 나라의 관계를 더욱 강화하는 데 중요한 역할을 하고 있다. 시진핑 집권 이후 이 두 가지 요소가 어떻게 상호작용하고 있는지 살펴보면 다음과 같다.

안보 문제에서의 협력

한중 간의 정치적 연대는 북한 문제 해결을 위한 협력에서도 나타난다. 두 나라는 북한의 비핵화 및 한반도 평화를 위해 함께 노력하고 있으며, 이를 위해 상호 소통을 강화하고 있다. 그리고 동아시아의 안보 상황 변화에 대응하기 위해 한중 간의 안보 협력도 강화되고 있다.

이는 양국의 정치적 신뢰도를 높이고, 지역 내의 안정성을 유지하는 데 기여하고 있다.

다자 간 외교 협력

한중은 ASEAN, G20, APEC 등 다양한 다자 간 외교 기구에서 협력하고 있다. 이러한 기구에서의 협력은 두 나라의 정치적 연대를 강화하고, 글로벌 이슈에 공동으로 대응할 수 있게 한다. 그리고 각국의 정책 결정 과정에서 상호 지지와 협력은 양국 간의 정치적 신뢰도를 높이는 중요한 요인으로 작용한다. 이를 통해 경제적 협력이 더욱 효과적으로 이루어질 수 있다.

상호 작용의 중요성

경제적 협력이 강화될수록 정치적 연대도 강화되는 경향이 있다. 양국은 서로의 경제적 필요성을 인식하고 있으며, 이를 통해 정치적 신뢰 관계를 구축하고 있다. 그리고 정치적 안정이 경제성장에 긍정적인 영향을 미치며, 이는 다시 정치적 연대를 더욱 강화하는 결과를 초래한다. 이 과정에서 양국 간의 이해와 협력이 중요하다.

앞으로도 한중 간의 경제적 협력과 정치적 연대는 계속해서 강화될 것으로 예상된다. 특히 기후변화, 기술 혁신 등 글로벌 이슈에 대한 공동 대응은 양국 관계의 중요한 요소가 될 것이다. 그리고 한중 간의 관계는 복잡한 글로벌 환경 속에서 더욱 중요해질 것이다.

| 안보와 지역 문제

한중 간의 안보 문제와 지역 문제는 두 나라의 관계에서 중요한 요인으로 작용하며, 동아시아의 정치적·경제적 환경에 큰 영향을 미치고 있다. 시진핑 집권 이후 이 분야에서의 주요 동향과 도전 과제를 살펴보겠다.

북한 문제

북한의 핵 프로그램은 한중 간의 주요 안보 이슈 중 하나다. 한국은 북한의 비핵화를 위한 국제적 노력을 강화하고 있으며, 중국은 북한의 안정적 정권 유지를 원한다. 이에 따라 양국은 협력하여 북한 문제를 해결하기 위한 외교적 노력을 기울이고 있다.

북한에 대한 인도적 지원 문제도 한중 간의 협력 분야다. 양국은 북한 주민의 인도적 상황을 개선하기 위한 협력을 강화하고 있으며, 이를 통해 양국 간의 신뢰를 증진하고자 한다.

영유권 분쟁과 남중국해 문제

중국은 남중국해에서의 영유권을 주장하고 있으며, 이에 따라 지역 내 긴장이 고조되고 있다. 한국은 중립적인 입장을 유지하고 있지만, 남중국해의 안보 상황은 한국의 해양 교통과 무역에 영향을 미칠 수 있기 때문에 우려를 표명하고 있다.

동중국해에서도 일본과의 영유권 분쟁이 진행되고 있으며, 이 문제는 한중 간의 외교 관계에 영향을 미칠 수 있다. 한국은 이 지역의 안정성을 중요하게 여기고 있으며, 긴장 완화를 위한 외교적 노력을 기울이고 있다.

미국과의 관계

한중 간의 안보 문제는 미국의 역할과 밀접하게 연결되어 있다. 미국은 한국의 주요 동맹국으로서 북한 문제와 중국의 군사적 확장을 견제하기 위한 전략을 추진하고 있다. 이러한 상황은 한중 간의 관계에 복잡성을 더하고 있다. 한미일 삼각 동맹의 강화는 한중 간의 긴장을 초래할 수 있다. 한국과 일본이 미국과의 협력을 강화함에 따라, 중국은 이러한 동맹 관계를 경계하고 있으며, 이 때문에 지역 내의 군사적 긴장이 증폭될 가능성이 있다.

사이버 안보 및 비대칭 전쟁

현대의 안보 환경에서는 사이버 안보가 중요한 요인으로 부각되고 있다. 한중 간의 사이버 안보 협력은 서로의 정보 보호와 사이버 공격에 대한 공동 대응을 위한 협력을 증진하는 데 필요하다. 그리고 비대칭 전쟁의 증가로 인해 양국은 군사적 전략을 재조정하여야 한다. 이는 군사 협력 및 정보 공유의 필요성이 늘어나게 한다.

기후변화와 안보

기후변화는 새로운 안보 위협으로 인식되고 있으며, 한중 간의 협력의 필요성이 대두되고 있다. 양국은 기후변화에 따른 재난 및 자원 고갈 문제에 공동으로 대응하기 위해 협력하여야 한다.

향후 한중 간의 안보 협력은 더욱 강화될 것으로 예상된다. 북한 문제 해결을 위한 공동의 노력, 지역 안보 상황에 대한 대응 및 사이버 안보 등 다양한 분야에서 협력해야 할 것이다. 한중 간의 안보와 지역 문제는 복잡한 정치적 환경 속에서 지속적으로 바뀌고 있으며, 양국 간의 관계에 큰 영향을 미치고 있다. 이러한 문제를 해결하기 위한 협력은 양국의 정치적 안정과 경제적 발전을 위한 중요한 요인으로 작용할 것이다. 앞으로도 한중 간의 협력은 지역의 평화와 안정을 위한 핵심적인 요인으로 남을 것이다.

외교적 교류

시진핑의 한중 외교 정책은 중국의 국가 이익을 극대화하고, 동북 아시아에서의 중국의 영향력을 강화하는 데 중점을 두고 있다. 시진핑 체제에서 중국은 강대국으로서의 입지를 확고히 다지며, 한반도 관련 사안들, 한국과의 관계를 전략적으로 관리하고 있다.

1992년 한중 수교 이후 양국 관계는 꾸준히 발전했으며, 2014년 시진핑의 방한 시 '전략적 협력 동반자 관계'로 격상되었다. 이 관계는 정치, 경제, 외교, 문화, 안보 등 여러 분야에서 협력을 강화하는 것을 목표로 하며, 특히 경제적 협력이 중심이 된다. 시진핑은 한국을 경제적 파트너로 중시하면서도 정치·군사적 측면에서는 일정한 경계와 견제를 유지하는 전략을 택하고 있다.

다음은 시진핑의 외교적 교류를 위한 노력이다.

| 상호 고위급 방문과 외교 교류

한중 간의 상호 고위급 방문과 외교 교류는 두 나라 간의 정치적 관계를 강화하는 중요한 요인으로 작용하고 있다. 시진핑 집권 이후 이러한 외교 활동의 주요 동향을 정리하면 다음과 같다.

고위급 방문의 중요성

한중 정상 간의 회담은 양국의 정치적 관계를 강화하는 핵심 요소다. 시진핑과 한국의 대통령 간의 정상 회담은 외교적 긴장을 완화하고, 경제 및 안보 협력의 기초를 마련하는 데 중요한 역할을 하고 있다. 두 나라 정상은 정기적으로 회담을 개최하여 상호 이해를 증진하고, 다양한 분야에서의 협력 방안을 모색하고 있다. 이러한 회담은 경제, 안보, 문화 등 다양한 주제를 다루며, 양국 간의 신뢰 관계 구축에 기여하고 있다.

주요 고위급 방문 사례

시진핑은 2014년 7월, 중국 국가주석으로는 처음으로 한국을 단독 방문하여 박근혜 대통령과의 정상 회담을 열었다. 이는 시진핑 외교 정책에서 한국을 중시하는 신호로 해석되었으며, 한국과 중국 간의 경제적 협력과 정치적 관계를 강화하는 데 목적이 있었다. 이때 양국은 전략적 협력 동반자 관계를 심화하는 방안을 논의하고, 경제적 협력 확대, 북핵 문제 공동 대응 등의 의제를 다루었다. 이 회담에서는 경제 협력 및 북한 비핵화 문제 등에 대한 의견을 교환하고, 양국 간의 협력을 증진하기 위한 다양한 합의가 이루어졌으며, 두 정상은 상호 협력의 필요성을 강조했다.

외교 부처 간의 협력

한중 외교 장관 간의 정기적인 회담도 개최되고 있다. 이러한 회담은 양국 간의 외교 정책 조율 및 협력 방안을 모색하는 데 중요한 역할을 한다. 그리고 경제, 문화, 환경 등 다양한 분야에서 전문가 회의를 통해 양국 간의 협력을 강화하고 있다. 이는 정책 결정에 필요한 정보 공유·협력 체계를 구축하는 데 기여하고 있다.

다자 간 외교 협력

한중은 아시아 협력 대화와 같은 다자 간 포럼에서도 협력하고 있다. 이러한 포럼은 지역 내의 안보 및 경제 문제를 논의하는 플랫폼을 제공하며, 양국 간의 관계를 더욱 심화시키는 기회를 제공한다. 한중 간의 외교적 관계는 G20, APEC과 같은 국제 포럼에서도 강화되고 있다. 이러한 포럼에서 양국은 공동의 이익을 위해 협력하고, 글로벌 이슈에 대한 공통의 입장을 정립하는 데 기여하고 있다.

앞으로도 한중 간의 고위급 방문과 외교 교류는 지속적으로 강화될 것으로 보인다. 이는 양국 간의 신뢰를 증진하고, 경제 및 안보 협력의 기초를 다지는 데 중요한 역할을 할 것이다.

새로운 글로벌 이슈에 대한 공동 대응이 필요해짐에 따라, 한중 간의 외교적 협력은 더욱 중요해질 것이다. 기후변화, 통상 문제 등 다양한 이슈에서 양국은 협력 방안을 모색해야 할 것이다.

한중 간의 상호 고위급 방문과 외교 교류는 두 나라 간의 정치적 관계를 강화하고, 다양한 분야에서의 협력을 증진하는 데 중요한 역할을 하고 있다. 이러한 외교 활동은 양국의 이해와 이익을 고려하며, 동아시아 지역의 안정과 발전에 기여할 것이다.

| 북핵 문제에 대한 한중 협력

북핵 문제는 시진핑의 한중 외교 정책에서 매우 중요한 요인으로 자리 잡고 있다. 북핵 문제는 한반도뿐만 아니라 동북아시아 전체의 안보를 위협하는 심각한 문제다. 이러한 상황에서 한국과 중국은 지리적 근접성과 역사적 유대 관계를 바탕으로 북핵 문제의 해결에서 있어 중요한 역할을 담당하고 있다. 하지만 양국 간의 이해관계 차이와 신뢰 부족은 협력보다는 갈등을 초래하는 경우가 많다.

중국은 북한의 주요 우방국으로서 한반도 안정에 깊이 관여해 왔으며, 시진핑도 한반도 비핵화를 위한 외교적 노력을 지지하고 있다. 시진핑은 한국과 북한 간의 대화 촉진을 지지하면서도, 북한에 대한 영향력을 유지하려는 입장을 고수하고 있다.

반면에 한국은 남북 관계 개선을 통해 북핵 문제 해결의 돌파구를 마련하고자 노력하고 있으며, 미국과의 동맹 관계를 바탕으로 북핵 문제에 대한 공동 대응 방안을 모색하고 있다. 그리고 유엔 안전보장이 사회 등 국제사회와 협력하여 북한에 대한 제재를 강화하고 있다.

2018년에는 북한 김정은 국무위원장이 시진핑을 여러 차례 만났으며, 북중 관계가 강화되었다. 이러한 상황에서 중국은 한반도에서 자국이 중요한 중재자 역할을 하고 있다는 점을 부각하고, 한반도 평화 프로세스에서 중국의 입지를 강화하려고 했다.

특히 2018년, 한국의 문재인 대통령이 중국과 협력하여 남북 정상 회담을 성사시키는 과정에서도 시진핑의 지원과 외교적 역할이 중요한 역할을 했다. 중국은 북한에 대한 경제적 지원을 통해 북한을 대화 테이블로 이끌고, 한반도 비핵화 과정에서 자국의 영향력을 행사하려는 전략을 택했다.

한반도의 긴장 완화와 동북아시아 지역의 평화 정착을 위해 양국의 협력은 매우 중요하다. 한국은 북한과의 직접 대화 채널을 확보하고 있으며, 중국은 북한에 대한 영향력을 행사할 수 있는 만큼, 양국의 협력은 북핵 문제의 해결에 필수적이다. 따라서 양국은 서로의 이해를 바탕으로 외교적인 협력 방안을 모색해야 하며, 정치적·경제적 연대를 강화해야 한다.

한중 간의 경제적 협력과 외교적 연대는 서로 긴밀하게 연결되어 있으며, 양국 관계의 발전에 큰 영향을 미치고 있다. 이러한 상호작용은 동아시아 지역의 안정과 평화에도 기여하며, 향후 지속적인 발전이 기대된다. 더욱이 ASEAN, 한중일 정상 회담 등 다양한 다자 간 포럼에서의 협력을 통해 양국 간의 이해와 신뢰를 증진할 수 있는 기회를 제공할 것이다.

Chapter 5

문화적 교류

   한중 문화 교류는 수천 년의 역사를 지니고 있다. 고대부터 불교, 유교 등의 사상과 문화가 한반도로 전파되면서 양국 문화는 밀접하게 얽혀왔다. 조선시대에는 중국의 성리학이 조선 사회의 이념적 기반이 되면서 문화 교류가 더욱 활발해졌다. 이처럼 한중 간의 문화 교류는 역사적으로 깊은 뿌리를 두고 있으며, 현대에 들어서는 더욱 활발해지고 있다. 문화 교류는 두 나라의 상호 이해를 증진하고, 정치적·경제적 관계를 강화하는 데 중요한 역할을 하고 있다.

   현대 사회에서 한중 문화 교류는 더욱 다양하고 활발하게 이루어지고 있다. 실제로 K-POP, 한국 드라마, 영화 등 한국 대중문화가 중국에서 큰 인기를 얻으며 한류 열풍을 일으키고 있다. 반대로, 중국의 드라마, 영화, 음식 등도 한국에서 많은 사랑을 받고 있다. 그리고 양국 간의 관광객 수가 급증하며 문화 교류가 활발해지고 있다. 특히, 한국의 자연 경관과 역사 유적지, 중국의 다양한 문화 체험은 많은 관광객을 끌어들이고 있다.

한중 문화적 교류는 양국 관계의 발전에 매우 중요한 역할을 하고 있으며, 문화 교류를 통해 양국 국민은 서로의 문화를 이해하고, 상호 존중하는 마음을 키울 수 있다. 그리고 문화 교류는 양국 간의 우호 관계를 증진하고, 협력 관계를 강화하는 데 기여하고 있으며, 양국 간의 문화적 영향력을 확대하고, 소프트파워를 강화하는 데 중요한 역할을 한다.

앞으로 한중 문화 교류는 더욱 다양해지고 심화될 것으로 예상된다. 특히, 4차 산업혁명 시대를 맞이하여, 양국은 문화 콘텐츠 산업, 관광산업 등에서 새로운 협력 모델을 모색하고, 문화 교류를 통해 상생 발전을 도모할 것으로 기대된다.

따라서 한중 문화 교류는 양국 관계의 발전에서 매우 중요한 역할을 하고 있다. 양국은 상호 이해와 존중을 바탕으로 문화 교류를 확대하고, 미래지향적인 관계를 구축해야 한다.

시진핑 집권 이후의 한중 문화 교류의 주요 동향과 특징을 살펴보면 다음과 같다.

| 한중 문화의 날

양국은 정기적으로 문화 행사를 개최하여 서로의 문화를 소개하고 교류를 증진하고 있다. '한중 문화의 날'과 같은 행사는 음악, 미술, 영화 등 다양한 분야에서 양국의 문화 콘텐츠를 선보이며, 관객 간의 교류를 촉진한다.

한중 문화의 날은 한국과 중국 간의 문화 교류를 증진하고 양국의 문화적 이해를 심화하기 위해 개최되는 특별한 행사다. 이 행사는 다양한 문화 콘텐츠를 통해 두 나라 국민 간의 친밀감과 상호 이해도를 높이려는 데 목적이 있다. 한중 문화의 날은 양국의 문화 예술가, 학자, 정부 관계자들이 행사에 참여하여 서로의 문화를 소개하고 네트워킹할 수 있는 기회를 가지며, 다양한 문화 행사에 참여하고 체험할 수 있는 일반 관객들도 초청되어, 더욱 폭넓은 문화 교류가 이루어진다.

한중 문화의 날은 양국의 문화적 특성을 소개하고, 서로의 문화를 이해하고 존중하는 기회를 제공하고 있으며, 문화 교류를 통해 양국 간의 우호 관계를 강화하고, 정치적·경제적 협력으로 이어지는 기반을 마련하고 있다.

한중 문화의 날 주요 프로그램을 보면 다음과 같다.

- **전통 예술 공연**: 한국의 전통 음악과 무용, 중국의 전통 예술이 함께 어우러지는 공연이 진행된다. 예를 들어, 사물놀이, 팬플룻 연주, 무용 등이 포함될 수 있다.
- **미술 전시**: 한국과 중국의 현대 미술가들의 작품 전시가 이루어져 서로의 예술적 감각과 표현 방식을 비교할 수 있는 기회를 제공한다.
- **음식 체험**: 양국의 전통 음식을 소개하고, 관객이 직접 요리해 볼 수 있는 프로그램이 마련되어 서로의 요리문화를 체험할 수 있다.
- **영화 상영**: 한국과 중국의 인기 영화나 드라마의 특별 상영회가 개최되어 서로의 대중문화를 접할 수 있는 기회를 제공한다.

한중 문화의 날은 양국 간의 문화적 이해를 심화시키고, 서로의 문화에 대한 호기심과 존중을 증진하는 데 기여하고 있다. 그리고 이 행사는 정치적·경제적 관계를 넘어 문화적 유대감을 강화하는 데 중요한 역할을 하며, 이는 향후 양국 간의 협력 증진으로 이어질 수 있다.

| 문화 축제 및 전시회

한중 간의 문화 축제 및 전시회는 양국 간의 문화적 교류와 상호 이해를 증진하는 데 중요한 행사다. 이러한 축제와 전시회는 전통적인 예술, 현대 미술, 음악, 음식 등을 통해 두 나라의 다양한 문화적 특성을 소개하고 경험할 수 있는 기회를 제공하고 있다. 다음은 한중 문화 축제 및 전시회의 주요 내용이다.

한중 문화 축제

한중 문화 축제는 양국의 문화, 예술, 음식 등을 소개하는 대규모 축제로, 일반적으로 음악 공연, 무용, 전통 예술, 현대 예술 등이 포함된다. 주요 행사는 한국 전통 음악, 중국 전통 무용, 현대 댄스 공연 등이 진행되며, 각종 전시 부스에서는 두 나라의 음식과 예술을 직접 체험할 수 있다.

문화 전시회

문화 전시회는 한국과 중국의 전통문화 및 현대 미술 작품을 전시하는 행사다. 이러한 전시회는 양국의 문화적 다양성을 홍보하고, 관객이 직접 체험할 수 있는 기회를 제공하고 있다. 전통 공예, 회화, 조각, 현대 미술 작품 전시, 설치 미술, 퍼포먼스 아트 등 다양한 분야의 작품들이 전시되고 있는데 여기에는 양국의 역사와 문화가 반영되어 있다.

음식 축제

음식 축제는 양국의 전통 음식과 현대 퓨전 음식을 소개하는 축제로, 관객이 직접 요리를 배우고 시식할 수 있는 기회를 제공하고 있다. 주요 행사로는 음식 체험 부스, 요리 시연, 전통 요리 경연대회 등이 있다.

합작 공연

합작 공연은 한국과 중국의 아티스트들이 함께 참여하는 공연으로, 전통 음악, 현대 무용, 연극 등이 포함된다. 합작 공연은 한중 아티스트의 협업으로 진행되는 특별 공연이며, 이는 양국 문화의 융합을 보여준다.

문화 체험 프로그램

한국의 전통춤, 중국의 서예 등 다양한 문화 체험 워크숍이 개최되어, 참가자들이 직접 문화적 기술을 배우고 체험할 수 있다.

| 영화와 드라마

한중 간의 영화 및 드라마 교류는 두 나라의 문화적 상호작용을 증진하는 중요한 요인으로 자리 잡고 있다. 이러한 교류는 각국의 대중문화, 예술적 표현, 그리고 사회적 가치관을 서로 이해하고 공유하는 데 기여하고 있다. 다음은 한중 영화 및 드라마 교류의 주요 내용이다.

합작 영화 및 드라마의 제작

한국과 중국의 영화 제작사들이 협력하여 공동으로 영화를 제작하는 사례가 증가하고 있다. 이러한 합작 프로젝트는 양국의 문화적 요소를 융합하여 더욱 풍부한 이야기를 창출하는 데 기여하고 있다.

대표적인 사례로는 '흑풍'(2009)과 '만추(2010)'가 있다. 흑풍(2009)은 한국과 중국의 합작 드라마로, 일제강점기의 독립운동을 배경으로 한 작품이다. 양국의 역사적 아픔을 공유하고, 독립을 위해 헌신했던 인물들의 이야기를 담아내며 많은 관심을 받았다.

'만추'(2010)는 김태용 감독이 이만희 감독의 동명 영화를 리메이크한 작품으로, 주연 배우인 현빈과 탕웨이의 호흡이 돋보이는 멜로 드라마다. 시애틀을 배경으로, 짧은 시간 동안 서로에게 기대고 의지하는 두 남녀의 애절한 사랑 이야기를 담고 있다.

한국 드라마가 중국에서 큰 인기를 얻으면서, 많은 한국 드라마가 중국에서 리메이크되었다. '별에서 온 그대', '태양의 후예' 등 한국 드라마를 리메이크한 중국 드라마는 현지에서 큰 인기를 얻으며 한류 열풍을 이어갔다.

합작 영화는 양국에서 동시에 제작·배급되는 경우가 많아, 두 나라의 영화 시장에 동시에 진출할 수 있는 기회를 제공한다. 이를 통해 제작비 부담을 줄이고, 더 많은 관객에게 도달할 수 있다.

영화제 및 상영회

한중 영화제와 같은 행사에서 한국과 중국의 최신 영화를 상영하고, 양국의 영화 감독과 배우들이 참석하여 상호 문화 교류의 장을 마련한다. 이러한 영화제는 각국의 영화 산업에 대한 이해도를 높이고, 양국 간의 협력을 촉진한다. 그리고 특정 주제를 지니고 양국의 영화를 선정하여 상영하는 특별 상영회도 자주 열린다. 이를 통해 관객들은 두 나라의 다양한 영화 문화를 경험할 수 있다.

드라마 교류

한국 드라마는 중국에서 큰 인기를 끌고 있으며, 이는 중국 시청자들에게 한국의 문화와 라이프 스타일을 소개하는 데 기여하고 있다. '도깨비', '사랑의 불시착' 등 인기 드라마가 중국에서 방영되면서 한국 문화에 대한 관심이 커졌다.

한국에서도 중국 드라마의 인기와 관심이 높아지고 있다. 중국의 역사 드라마나 현대 드라마가 한국에서 방영되면서, 한국 시청자들은 중국의 문화와 역사에 대한 이해를 넓힐 수 있다.

온라인 플랫폼 활용

넷플릭스, 웨이브, 아이치이와 같은 스트리밍 플랫폼이 양국 드라마와 영화를 동시에 제공함으로써, 두 나라의 콘텐츠 소비를 촉진하고 있다. 이는 관객이 한국과 중국의 콘텐츠를 쉽게 접할 수 있는 기회를 제공하고 있다. 온라인 플랫폼에서는 디지털 시대에 맞춰 웹드라마와 같은 새로운 형식의 콘텐츠가 등장하고 있으며, 이는 양국 간의 협력과 교류를 더욱 활성화하고 있다.

한중 간의 영화 및 드라마 교류는 단순한 오락을 넘어서, 각국의 문화적 가치와 사회적 이슈를 다루는 데 중요한 역할을 하고 있다. 이는 두 나라 국민 간의 이해를 증진하고, 문화적 다양성을 존중하는 데 기여하고 있다.

한중 간의 영화 및 드라마 교류는 양국의 문화적 유대감을 강화하는 데 중요한 역할을 하고 있으며, 이는 정치적·경제적 관계의 발전에도 긍정적인 영향을 미치고 있다. 앞으로도 이러한 교류는 더욱 확대될 것이며, 글로벌 문화산업에서의 협력도 촉진될 것으로 기대된다.

▎언어 교류

한중 간의 언어 교류는 양국의 문화적 이해와 친밀감을 증진하는 데 중요한 역할을 한다. 언어 교류는 교육 프로그램, 문화 행사, 온라인 플랫폼 등을 통해 진행되며, 서로의 언어와 문화에 대한 깊은 이해를 촉진한다. 다음은 한중 간의 언어 교류에 대한 주요 내용이다.

언어 교환 프로그램

한국어와 중국어를 배우고자 하는 사람들이 서로의 언어를 배우기 위해 파트너 관계를 맺어 대화하는 프로그램이다. 이는 실생활에서의 언어 사용 능력을 향상하고 자연스러운 언어 습득을 돕고 있다. 그리고 한국과 중국의 학생들이 함께 참여하는 언어 캠프가 열리며, 이 캠프에서는 언어 교육과 함께 문화 체험 활동이 포함된다. 참가자들은 서로의 언어를 배우고 문화적 차이를 이해하는 데 도움을 받을 수 있다.

문화 행사에서의 언어 교육

다양한 문화 행사에서 한국어와 중국어에 대한 간단한 교육 프로그램이 진행된다. 예를 들어, 전통 음식 요리 교실이나 예술 워크숍에서 해당 언어로 소통하며 언어적 경험을 쌓을 수 있다. 그리고 한국 드라마와 중국 영화를 상영하는 행사에서 자막을 통해 언어를 배울 수 있는 기회를 제공한다. 이는 언어를 듣고 이해하는 데 큰 도움이 된다.

온라인 플랫폼과 애플리케이션

Duolingo, HelloTalk 등의 언어 학습 플랫폼을 통해 한국어와 중국어를 배우는 사용자들이 서로의 언어를 배우고 소통할 수 있는 공간이 마련되어 있다. 그리고 페이스북, 웨이보 등 소셜미디어를 통해 언어를 배우고자 하는 사람들이 서로의 경험을 공유하고 질문할 수 있는 커뮤니티가 형성되고 있다.

교육 기관과 대학의 협력

한국과 중국의 대학 간의 교환학생 프로그램을 통해 학생들이 서로의 언어를 배우고 문화적 경험을 쌓을 수 있다. 이를 통해 학생들은 언어 능력을 향상하고, 현지 문화에 대한 이해도를 높일 수 있다. 그리고 일부 대학에서는 한국어와 중국어 전공을 개설하였으며, 두 언어를 함께 배우고 연구할 수 있는 프로그램도 운영하고 있다.

언어 관련 세미나 및 워크숍

한중 언어 교육에 대한 세미나가 개최되어 언어 교육의 최신 동향과 방법론을 공유하고, 서로의 교육 경험을 나누는 기회를 제공하고 있다. 그리고 언어학자나 교육 전문가를 초청하여 한중 간의 언어적 차이와 문화적 배경에 대한 강연을 진행한다. 이를 통해 참가자들은 언어와 문화 간의 관계를 깊이 이해할 수 있다.

정부 및 민간 단체의 지원

한국과 중국 정부 간의 문화 협약에 따라 언어 교육 프로그램이 지원되고 있으며, 이는 학생들과 교사들에게 다양한 혜택을 제공하고 있다. 그리고 비영리 기관과 문화 교류 단체들이 다양한 언어 교류 프로그램을 기획·운영하여, 개인과 공동체의 언어 학습을 지원한다.

한중 간의 언어 교류는 양국의 문화적 이해와 협력을 증진하는 데 중요한 역할을 하고 있다. 이러한 교류는 단순한 언어 학습을 넘어서, 서로의 문화와 가치관을 이해하는 데 기여하며, 장기적으로 양국 관계의 발전에 긍정적인 영향을 미칠 것이다. 앞으로도 이러한 언어 교류 프로그램은 더욱 확대될 것으로 기대된다.

┃ 전통문화와 현대 예술

한중 간의 전통문화와 현대 예술은 서로의 문화적 뿌리를 이해하고 발전시키는 중요한 요소다. 두 나라의 전통문화는 오랜 역사와 풍부한 유산을 바탕으로 하고 있으며, 현대 예술은 이러한 전통을 바탕으로 새로운 표현 방식과 아이디어를 탐구한다. 다음은 한중 전통문화와 현대 예술의 주요 내용이다.

한국의 전통문화
- **예술**: 한국의 전통 음악(국악), 무용, 서예, 도자기 등이 있으며, 특히 판소리와 가야금은 독특한 한국적 표현 방식을 보여준다.
- **축제와 의식**: 설날, 추석 등의 전통 명절과 함께 다채로운 민속놀이와 의식이 전통문화의 중요한 부분이다. 이러한 문화적 요소들은 공동체 의식을 함양한다.
- **복식**: 한복은 한국의 전통 의상으로, 고유의 아름다움과 의미를 지니고 있다. 전통 복식의 디자인은 한국의 미적 감각을 나타낸다.

중국의 전통문화
- **예술**: 중국의 전통 음악(예: 경극), 무용, 서예, 도자기 등 다양한 예술 형식이 있으며, 특히 서예는 중국의 독특한 미적 표현이다.

- **축제와 의식:** 춘절(중국 설날), 중추절(추석) 등 전통 명절이 있으며, 각종 전통 놀이와 의식이 이 시기에 행해진다.
- **복식:** 한푸(한복에 해당하는 중국 전통 의상)는 중국의 역사적 배경과 문화를 반영하고 있다.

한국의 현대 예술

- **시각 예술:** 현대 미술가들이 전통적 요소를 현대적인 방식으로 재해석하여, 설치 미술, 비디오 아트 등 다양한 매체를 활용하고 있다. 예를 들어, 이불 작가의 작품은 한국 전통과 현대의 경계를 허물며 세계적으로 주목받고 있다.
- **퍼포먼스 아트:** 전통 무용과 현대 춤을 결합한 퍼포먼스가 많아지면서, 새로운 표현 방식이 등장하고 있다. 이러한 작품은 전통의 미를 현대적인 감각으로 전달한다.

중국의 현대 예술

- **시각 예술:** 중국의 현대 미술가들은 전통 회화 기법을 현대적 주제와 결합하여, 사회 비판적 메시지를 전달하는 작품을 많이 선보이고 있다. 예를 들어, 아이 웨이웨이와 같은 작가들은 전통문화의 요소를 현대적 맥락에서 재조명한다.
- **멀티미디어 아트:** 현대 중국 예술가들은 디지털 아트, 비디오 설치 등 다양한 매체를 활용하여 창작하며, 이는 전통과 현대의 융합을 보여준다.

한중 간의 전통문화와 현대 예술은 서로의 문화적 유산을 이해하고 존중하는 데 중요한 역할을 한다. 전통은 현대 예술의 기초가 되며, 현대 예술은 전통을 새로운 시각으로 재조명한다. 이러한 상호작용은 두 나라의 문화적 정체성을 더욱 풍부하게 하고, 국제사회에서의 문화적 교류를 촉진하는 데 기여하고 있다.

| 스포츠·레저 활동

한중 간의 스포츠·레저 활동은 두 나라의 문화적 교류를 증진하고, 건강과 체력을 증진하는 데 중요한 역할을 한다. 이러한 활동은 친구 및 가족과의 유대감을 형성하고, 대중적 관심을 끌며, 국제적인 스포츠 이벤트를 통해 상호 이해를 증진한다. 다음은 한중 간의 스포츠·레저 활동에 대한 주요 내용이다.

올림픽과 국제 대회

한국과 중국은 올림픽과 같은 국제 스포츠 대회에서 경쟁하는 나라들이다. 예를 들어, 2008년 베이징 올림픽과 2018년 평창 올림픽은 양국 간의 스포츠 협력 관계를 보여주는 중요한 이벤트였다. 두 나라는 다양한 종목의 아시아 대회, 동아시아 청소년 경기 대회 등에서 서로의 스포츠 팀과 경쟁하며, 이에 따라 스포츠 분야의 교류가 활발해졌다.

친선 경기

한국과 중국의 다양한 스포츠 팀이 친선 경기를 통해 서로의 기술과 전략을 교류한다. 이는 선수들 간의 친밀감을 높이고, 팬들 간의 우호적인 관계를 증진하는 데도 기여한다.

스포츠 협력

두 나라의 스포츠 협회와 팀들은 공동 훈련 프로그램을 운영하여, 서로의 훈련 방식을 배우고 경험을 공유한다. 이는 선수들의 기량 향상에 기여할 뿐만 아니라, 팀 간의 유대감을 강화하고 있다. 그리고 한국과 중국의 코치 및 스포츠 전문가들이 서로의 스포츠 시스템을 연구·교류하는 프로그램이 운영되고 있다. 이는 전문 지식과 경험을 나누는 데 도움을 준다.

한중 간의 스포츠·레저 활동은 두 나라의 문화적 교류를 강화하고, 건강한 삶을 영위하는 데 기여한다. 이러한 활동은 친구 및 가족과의 유대감을 강화하고, 국제적인 스포츠 이벤트를 통해 상호 이해를 증진하는 데 중요한 역할을 한다. 앞으로도 한중 간의 스포츠·레저 활동은 더욱 발전할 것으로 기대된다.

| 소셜미디어와 디지털 플랫폼

디지털 시대에 소셜미디어와 온라인 플랫폼을 통한 문화 교류가 활성화되고 있다. 한중 간의 유튜브, 웨이보, 인스타그램 등에서 서로의 문화 콘텐츠를 공유하고 소통하는 방식으로 교류가 이루어진다. 그리고 K-POP, K-드라마 등의 한국 대중문화 콘텐츠가 중국에서 인기를 끌면서 한중 간의 문화적 연결고리가 강화되고 있다. 이는 한국 문화에 대한 관심을 높이고, 중국의 다양한 문화 콘텐츠에 대한 수요를 늘리는 효과가 있다.

한중 간의 소셜미디어와 디지털 플랫폼은 양국의 문화·사회·경제적 교류를 증진하는 데 중요한 역할을 하고 있다. 이러한 플랫폼은 정보 공유, 소통, 문화 교류의 장을 제공하며, 특히 젊은 세대 사이에서 큰 영향을 미치고 있다. 다음은 한중 간의 소셜미디어와 디지털 플랫폼에 대한 주요 내용이다.

한국의 플랫폼

- **카카오톡**: 한국에서 가장 인기 있는 메신저 앱으로, 개인 간의 소통뿐만 아니라 그룹 채팅, 비즈니스 용도로도 널리 사용된다.
- **네이버**: 한국의 대표적인 포털 사이트로, 뉴스, 블로그, 카페 등의 다양한 콘텐츠가 제공되며, 사용자가 콘텐츠를 활발하게 생성한다.
- **인스타그램과 페이스북**: 소셜미디어로서 사진과 동영상의 공유가 활발하며, 특히 인플루언서 마케팅이 활성화되어 있다.

중국의 플랫폼

- **웨이보**: 중국의 대표적인 소셜미디어 플랫폼으로, 엑스(x)와 유사한 기능을 제공한다. 유명 인사와 일반 사용자 간의 소통이 활발하다.
- **위챗**: 중국에서 가장 인기 있는 메신저 앱으로, 소통뿐만 아니라 결제, 쇼핑, 서비스 예약 등 다양한 기능을 제공한다.
- **Douyin(틱톡)**: 짧은 동영상 공유 플랫폼으로, 창의적인 콘텐츠가 빠르게

확산되며 젊은 세대에게 인기를 끌고 있다.

한국과 중국의 사용자들은 서로의 문화적 콘텐츠를 소셜미디어를 통해 쉽게 공유한다. K-POP, 드라마, 영화, 전통문화 등이 활발히 소개되고 있다. 그리고 양국의 사용자들이 소셜미디어를 통해 실시간으로 의견을 나누고, 문화적 이슈에 대한 논의가 이루어지고 있다. 이는 상호 이해도를 높이고, 친밀감을 형성하는 데 기여하고 있다.

한중 간의 소셜미디어와 디지털 플랫폼은 정보 교류와 문화적 소통의 중요한 경로가 되고 있다. 이러한 플랫폼은 양국의 사람들 간의 상호 이해를 증진하고, 문화를 더욱 폭넓게 교류할 수 있도록 해주며, 앞으로도 이러한 경향은 계속해서 발전할 것으로 기대된다.

Chapter 6

인적 교류

한중 간의 인적 교류는 두 나라의 상호 이해와 신뢰를 증진하는 데 중요한 역할을 하고 있으며, 정치, 경제, 문화 등 다양한 분야에서의 협력을 강화하는 데 기여하고 있다. 시진핑 집권 이후 한중 인적 교류의 주요 동향과 특징을 살펴보면 다음과 같다.

┃ 공동 연구 및 학술 세미나

양국의 대학과 연구기관 간의 공동 연구 프로젝트가 증가하고 있으며, 이는 과학기술 및 인문사회 분야의 발전에 기여하고 있다. 그리고 한중 간의 학술 세미나와 컨퍼런스가 정기적으로 개최되어 양국 연구자들이 자신의 연구 결과를 발표하고 의견을 나누는 기회를 제공한다.

| 비즈니스 인턴십 및 비즈니스 포럼

한국과 중국의 기업들이 협력하여 학생 및 젊은 인재들에게 인턴십 기회를 제공하고 있으며, 이 프로그램은 주로 대학교와 기업 간의 파트너십을 통해 이루어진다. 한국과 중국의 기업들은 인턴십 프로그램을 통해 젊은 인재들을 서로의 기업에서 교육하고 경험을 쌓을 수 있도록 하고 있다. 참여자는 실제 기업 환경에서 실무 경험을 쌓고, 양국의 비즈니스 문화와 관행을 배울 수 있으며, 이는 글로벌 비즈니스 감각을 기르는 데 큰 도움이 되고 있다. 또한 인턴십 과정에서 멘토링을 제공하여, 참여자가 현업의 전문가로부터 직접 피드백을 받고, 자신의 경력을 발전시킬 수 있도록 지원하고 있다.

한중 간의 비즈니스 포럼은 양국 기업 및 기관의 대표들이 모여 경제 협력 방안을 모색하는 자리로 포럼에서는 다양한 산업의 최신 동향과 성공 사례를 공유하고, 협력 가능성을 논의한다. 포럼은 특정 주제에 맞춘 세션으로 구성되어, 참가자들이 관심 있는 분야에 대해 깊이 있게 논의할 수 있도록 한다. 예를 들어, 기술 혁신, 환경 문제, 무역 협력 등 다양한 주제가 다뤄질 수 있다. 비즈니스 포럼에서는 참가자들 간의 네트워킹을 촉진하는 기회를 제공하고 있으며, 이를 통해 기업 간의 파트너십을 강화하고, 새로운 사업 기회를 탐색할 수 있다.

양국 기업 간의 연수 프로그램은 인적 교류를 통한 기술 이전 및 경영 노하우 공유에 기여하고 있다. 또한 정기적으로 열리는 한중 비즈니스 포럼은 기업인들 간의 네트워킹 기회를 제공하며, 상호 투자 및 협력을 촉진하는 데 기여하고 있다.

| 여성 및 청소년 교류

여성과 청소년을 대상으로 한 다양한 프로그램이 운영되고 있으며, 이는 양국의 사회적 이해도를 높이고 서로의 문화를 경험할 수 있는 기회를 제공하고 있다.

한국과 중국의 여성 리더를 대상으로 한 프로그램을 통해 경영, 정치, 사회 등 다양한 분야에서의 리더십 개발을 지원하며, 이 프로그램은 여성의 사회적 역할을 강화하고, 네트워킹 기회를 제공하고 있다. 또한 양국의 여성 인권과 평화 문제에 대한 논의를 위한 포럼을 개최하여 서로의 경험을 공유하고, 공동의 해결 방안을 모색한다. 이러한 포럼은 양국 여성의 목소리를 높이는 데 중요한 역할을 한다. 또한 한국과 중국의 여성 아티스트들이 참여하는 전시회, 공연 등 문화 행사의 개최를 통해 서로의 문화적 이해를 증진하고, 여성의 창의성과 능력을 알릴 수 있는 기회를 제공하고 있다.

양국의 고등학교 및 대학 간의 자매결연과 학생 교환 프로그램을 통해 청소년들이 서로의 문화와 교육 시스템을 경험할 수 있도록 하고 있으며, 이러한 프로그램은 상호 이해와 친밀감을 증진하는 데 기여하고 있다. 그리고 청소년들을 위한 리더십 캠프를 개최하여, 다양한 분야에서의 리더십 스킬을 개발하고, 글로벌 시민으로서의 의식을 높이는 활동을 진행하고 있다. 또한 한국어와 중국어를 배우는 청소년들을 위한 언어 교류 프로그램을 통해 서로의 언어와 문화를 배우고 이해하는 기회를 제공하고 있다.

양국 간의 인적 교류로 인해 서로의 문화가 혼합된 다문화 사회가

형성되고 있다. 이들은 양국 간의 문화적 교류와 이해를 증진하는 중
요한 역할을 하고 있다.

　한중 간의 인적 교류는 교육, 비즈니스, 문화, 사회 등 다양한 분야
에서 활발히 이루어지고 있으며, 이는 양국 간의 이해와 신뢰를 증진
하는 데 크게 기여하고 있다. 앞으로도 한중 간의 인적 교류는 지속적
으로 발전할 것이며, 이는 동아시아의 평화와 협력에 긍정적인 영향
을 미칠 것이다. 따라서 향후 한중 간의 인적 교류는 더욱 중요해질 것
으로 예상된다. 교육, 비즈니스, 문화 등 다양한 분야에서의 인적 교류
는 양국 간의 관계를 더욱 강화하는 데 기여할 것이다. 앞으로는 더욱
다양한 분야에서의 인적 교류가 이루어질 것으로 기대된다. 이를 통해
양국 간의 상호 이해가 증진되고, 정치적·경제적 관계의 발전에도 긍
정적인 영향을 미칠 것이다.

Chapter 7

교육 분야 교류

한중 간의 교육 교류는 양국 간의 이해와 협력을 증진하는 중요한 요소다. 교육 교류는 학생, 교사, 연구자 간의 상호작용을 통해 문화적 이해를 증진하고, 인적 자원을 개발하는 데 기여한다. 다음은 한중 교육 교류의 주요 내용이다.

| 교환학생 프로그램

한중 교환학생 프로그램은 한국과 중국 간의 문화 교류와 학문적 협력을 증진하기 위한 중요한 교육 프로그램이다. 양국은 상호 이해도를 높이고, 미래 인재를 양성하기 위해 다양한 교환학생 프로그램을 운영하고 있으며, 이러한 프로그램들은 학생들에게 학문적 발전뿐만 아니라 언어 능력, 문화적 이해 등을 넓힐 수 있는 기회를 제공한다.

한국과 중국의 대학 간 교환학생 프로그램이 활성화되어, 학생들이 상대국의 대학에서 일정 기간 학습하며 문화적 경험을 쌓을 수 있다. 이러한 프로그램은 언어 능력 향상과 더불어 국제적 감각을 키우는 데 도움을 준다. 교환학생 프로그램은 여름이나 겨울 방학 동안 진행되는 단기 프로그램도 많아, 학생들이 상대국의 문화와 교육 시스템을 빠르게 경험할 수 있도록 하고 있다.

주요 한중 교환학생 프로그램은 다음과 같다.

- **정부 주도 프로그램**: 한국과 중국 정부는 양국 간의 학문적 교류를 강화하기 위해 국가 장학금 및 공적 프로그램을 통해 교환학생 프로그램을 운영하고 있다. 예를 들어, 한국의 국립국제교육원과 중국의 공자학원 등을 통해 양국 학생들에게 다양한 장학금과 교환 기회를 제공하고 있다.

- **대학 간 교환 프로그램**: 많은 한국과 중국 대학은 협약을 맺고, 자매결연 대학을 통해 교환학생 프로그램을 운영하고 있다. 서울대학교, 고려대학교, 연세대학교 등 한국의 주요 대학들은 북경대학, 청화대학, 복단대학 등 중국의 명문 대학과 활발하게 교류하고 있다. 학생들은 해당 프로그램을 통해 학점을 이수하며, 학문적 교류뿐 아니라 다양한 활동을 통해 양국 문화를 직접 체험할 수 있다.

- **언어 및 문화 교류 프로그램**: 한국과 중국은 언어와 문화에 대한 교류를 중요하게 생각하며, 어학연수 프로그램도 활발하게 운영되고 있다. 예를 들어, 한국 학생들은 중국 대학에서 중국어를 배우고 중국 문화를 체험할 수 있으며, 중국 학생들이 한국에서 한국어를 배우며 한국 사회와 문화를 경험할 수 있는 프로그램이 많다.

언어 교육 프로그램은 대부분의 한중 교환학생 프로그램은 학생들이 상대국의 언어를 배우는 데 초점을 맞추고 있다. 한국 학생들은 중국어 학습에 중점을 두고, 중국 학생들은 한국어 학습을 강화한다. 언어 교육은 양국의 경제적·문화적 관계를 고려했을 때 매우 중요한 부분이다.

문화 교류 프로그램은 교환학생 프로그램을 통해 학생들은 언어뿐만 아니라, 상대국의 문화적 가치관을 직접 체험할 수 있다. 양국의 다양한 전통 행사나 문화 체험 프로그램을 통해 학생들은 상호 이해를 증진하며, 국제적 감각을 키울 수 있다.

교환학생 프로그램은 학문적 교류에도 큰 중점을 두고 있다. 학생들은 상대국의 대학에서 전공 수업을 이수하며, 국제적인 관점에서 학문적 논의를 발전시킬 수 있는 기회를 제공한다. 이는 양국의 학문적 발전에도 기여하며, 글로벌 인재로 성장하는 데 중요한 경험을 제공한다.

교환학생 프로그램을 통해 학생들은 국제적인 네트워크를 구축할 수 있다. 다양한 국적의 친구들과 교류하며 글로벌 마인드를 함양하고, 졸업한 후에도 이 네트워크를 통해 다양한 협력 기회를 마련할 수 있다. 그리고 학생들은 이론적인 학문적 지식 외에도 실질적인 경험을 통해 배우게 된다. 현지에서 생활하면서 상대국의 사회·정치·경제 구조를 이해할 수 있으며, 이는 국제 관계와 글로벌 경제 속에서 중요한 통찰을 할 수 있게 한다.

또한 한중 교환학생 경험은 학생들이 국제적으로 활동할 수 있는 기회를 확대해 준다. 글로벌 기업에서의 취업 기회를 높이거나, 국제기구 또는 정부기관에서 일할 수 있는 발판이 될 수 있다. 특히 한국과 중국 간의 경제적 연계가 강해지는 만큼, 양국에서의 학습 경험은 커리어에 중요한 자산이 된다.

따라서 한국과 중국 간의 교환학생 프로그램은 양국의 관계가 발전함에 따라 계속해서 확대될 것으로 기대된다. 특히, 두 나라는 모두 인재 양성을 중요한 정책 목표로 삼고 있기 때문에, 이러한 프로그램은 양국의 미래 인재들이 글로벌 리더로 성장하는 데 중요한 기반이 될 것이다.

| 양국 대학 간의 협력

한중 양국 대학 간의 협력은 두 나라 간의 교육, 연구, 문화 교류를 증진하기 위해 지속적으로 발전하고 있는 중요한 분야다. 이러한 협력은 학문적 성과를 공유하고, 인재를 양성하며, 글로벌 시민으로서의 역량을 키우는 데 기여하고 있다. 현재 한국과 중국의 대학들이 서로 협력하여 공동 연구 프로젝트를 진행하거나 세미나를 개최하고 있다. 이는 양국 간의 학술적 교류를 촉진하고, 연구 결과를 공유하는 기회를 제공한다. 그리고 일부 대학에서는 공동 학위 프로그램을 운영하여, 학생들이 두 나라의 교육 시스템을 모두 경험하고, 학위를 받을 수 있도록 하고 있다. 다음은 한중 양국 대학 간 협력의 주요 특징과 현황이다.

첫째, 많은 한국 대학은 중국의 명문 대학과 자매결연을 체결하고,

이를 통해 학생 및 교수 간의 교류를 강화하고 있다. 예를 들어, 서울대학교와 북경대학, 연세대학교와 청화대학 간의 협정은 활발한 교류의 대표적인 사례. 자매결연 대학들은 공동 연구 프로젝트를 수행하거나 학술 세미나를 개최하는 등 다양한 협력 활동을 진행하고 있다.

둘째, 한국과 중국의 대학들은 교환학생 프로그램을 운영하여 학생들이 상대국에서 학점을 이수할 수 있도록 하고 있다. 이 프로그램을 통해 학생들은 서로의 언어와 문화를 배우며, 글로벌한 시각을 키울 수 있다. 교환학생 프로그램은 언어 교육, 문화 체험, 학문적 연구를 결합하여 학생들에게 폭넓은 경험을 제공한다.

셋째, 한중 대학 간의 협력은 연구 분야에서도 활발히 이루어지고 있다. 양국 대학들은 공동 연구 프로젝트를 진행하며, 학술 논문을 공동 저술하는 등 연구 성과를 공유하고 있다. 이와 함께 국제 학술 대회나 세미나를 공동으로 개최하여 최신 연구 결과를 발표하고, 학술적 교류를 촉진하고 있다.

넷째, 한중 대학 간의 협력은 특정 분야에 특화되어 진행되는 경우가 많다. 예를 들어, IT, AI, 환경 과학, 의학 등 미래 유망 분야에서 공동 연구와 인재 양성이 이루어지고 있다. 이러한 분야에서의 협력은 양국의 산업 발전과도 밀접하게 연결되어 있으며, 실질적인 사회적 기여를 할 수 있는 기회를 제공한다.

한중 양국 대학 간의 협력은 교육, 연구, 문화적 측면에서 매우 중요한 의미를 지니며, 양국의 관계 발전에도 긍정적인 영향을 미치고 있다. 이러한 협력은 학생들에게 글로벌한 경험을 제공하고, 두 나라 간의 상호 이해를 증진하는 데 기여하고 있다. 따라서 한중 대학 간의 협력은 앞으로도 지속적으로 확대될 것으로 예상된다. 양국 간의 교육적 필요성이 늘어나고 글로벌 인재 양성에 대한 관심이 커짐에 따라, 대학 간의 협력은 더욱 중요해질 것이다.

특히, 기술 발달과 글로벌화의 흐름 속에서 융합 교육 및 다학제적 연구가 강조되면서, 양국의 대학들은 공동의 목표를 지니고 협력할 가능성이 높다.

언어 교육 및 문화 체험

한국어와 중국어를 배우고자 하는 학생들을 위한 언어 교육 프로그램이 마련되어 상호 언어 학습을 장려한다. 이러한 프로그램은 단순히 언어 학습을 넘어 문화적 맥락에서도 진행되고 있다. 또한 학생들이 상대국의 전통문화와 현대 문화를 경험할 수 있는 프로그램이 운영되고 있으며, 이는 두 나라의 문화적 차이를 이해하는 데 기여한다.

교사 및 연구자 교류

교육 품질을 높이기 위해 양국의 교사들이 서로의 학교에 방문하여 교육 방법과 커리큘럼을 공유하고, 교육적 경험을 나누는 프로그램이 운영되고 있다. 또한 학술 연구를 위한 연구자 교류 프로그램이 활성화되어, 양국의 연구자들이 협력하여 공동 연구를 진행하고 학술 발표를 한다.

┃ 문화 행사 및 세미나

교육 기관에서 주최하는 문화 행사에서는 양국의 전통 및 현대 문화를 소개하고, 이를 통해 학생들이 서로의 문화를 이해하는 기회를 제공하고 있다. 그리고 한중 간의 교육 시스템, 정책, 교육 방식 등을 주제로 하는 세미나가 열려, 교육 관련 종사자들이 서로의 경험을 공유하고 협력 방안을 모색하고 있다.

┃ 정부 및 민간 단체의 지원

한국과 중국 정부는 교육 분야에서의 협력을 강화하기 위해 다양한 협약을 체결하고, 교육 교류를 위한 예산을 지원하고 있다. 그리고 비영리 기관과 문화 교류 단체들이 교육 교류 프로그램을 운영하고, 학생들과 교사들에게 다양한 혜택을 제공한다.

한중 간의 교육 교류는 양국의 문화적 이해와 협력을 증진하는 데 중요한 역할을 하고 있다. 이러한 교류는 학생들과 교사들에게 국제적인 시각을 제공하고, 서로의 교육 시스템을 이해하는 기회를 마련하여 장기적으로 양국 관계의 발전에 긍정적인 영향을 미칠 것이다. 앞으로도 이러한 교육 교류는 더욱 확대될 것으로 기대된다.

Chapter 8

관광 분야 교류

한중 관광 분야 교류는 양국 간의 문화적 이해를 증진하고 경제적 협력을 강화하는 중요한 요소다.

한국관광공사에 따르면, 2023년에는 약 201만 명 이상의 중국 관광객이 한국을 방문한 것으로 집계되었다. 이는 일본에 이어 가장 많은 관광객이 한국을 방문하고 있지만, 이는 전체 중국 관광객 전체에서는 7.6%에 해당하며 전 세계 관광지 중에서 5위를 차지하고 있을 정도로 인기 있는 관광지다.

한국은 중국 관광객들에게 매력적인 여행지로 자리 잡고 있으며, K-드라마, K-POP 등 한류의 영향으로 중국인 관광객 수가 증가하고 있다. 특히, 서울, 제주도, 부산 등의 지역은 인기 있는 관광지로 부각되고 있다. 한류와 관련한 관광 콘텐츠는 한국을 방문하는 중국인 관광객에게 매력적인 요인으로 드라마 촬영지 투어, K-POP 관련 체험 등은 큰 인기를 끌고 있다.

코로나19 팬데믹 이후로 중국 정부의 방역 정책이 완화되면서 한국을 찾는 중국 관광객 수가 점차 증가하고 있으며, 한국 내의 한류 콘텐츠와 쇼핑, 음식 문화 등이 관광객에게 큰 매력을 끌고 있다.

2023년 중국을 방문한 한국인 수에 대한 구체적인 통계는 아직 집계되지 않았지만, 200만 명 이상의 한국인이 중국을 방문한 것으로 추정되었다. 이는 중국 정부의 방역 정책이 완화되면서 한국인 관광객이 증가한 것으로 보고 있다.

양국 정부는 관광산업의 협력을 강화하기 위한 다양한 프로그램을 운영하고 있다. 예를 들어, 관광 진흥을 위한 공동 마케팅, 여행 상품 개발, 관광 정보 교류 등이 포함된다. 그리고 한중 간의 문화 행사나 축제를 통해 서로의 문화를 이해하고 경험할 수 있는 기회를 제공하고 있으며, 이러한 행사에는 한중 문화 교류 행사, 음식 축제, 전통 공연 등이 포함된다.

양국 간의 항공편과 교통망이 개선됨에 따라 관광객의 이동이 더욱 용이해졌으며, 저비용 항공사(LCC)의 증가로 인해 항공 요금이 저렴해져 관광객 수가 더욱 늘어날 것으로 전망된다. 이를 위하여 한국과 중국은 관광 인프라를 확충하여 관광객의 편의성을 높이고 있다. 예를 들어, 관광 안내소, 숙박 시설, 편의 시설 등이 강화되고 있다.

한중 관광 분야의 교류는 양국 간의 문화적 이해를 증진하고 경제적 협력을 강화하는 중요한 수단이다. 앞으로의 교류를 위해서는 관광 인프라를 확충하고, 안전한 여행 환경을 조성하며, 다양한 관광 콘텐츠를 개발하려고 노력해야 한다. 그리고 양국은 관광 정책을 조율하여 상호 방문을 촉진하고, 관광 분야에서의 협력을 더욱 강화해야 한다. 이러한 노력을 한다면 한중 관광 교류는 더욱 활성화되고, 두 나라 간의 관계도 더욱 돈독해질 것이다.

Chapter 9

지속 성장 교류

지속 성장이란 경제성장을 추구하면서도 환경과 사회적 책임을 다하여 미래 세대를 위한 자원과 환경을 보존하는 것을 의미한다. 단순히 경제 규모만을 확대하는 것이 아니라, 경제, 사회, 환경이 조화롭게 발전하는 것을 목표로 한다.

지속 성장의 중요성은 지속 가능한 개발을 통해 기후변화, 자원 고갈, 환경 오염 등 심각한 환경 문제를 해결하고, 모든 사람이 경제성장의 혜택을 누릴 수 있도록 사회적 불평등을 해소하며, 사회 통합을 강화한다. 그리고 미래 세대가 살아갈 지속 가능한 사회를 만들기 위해 자원을 보존하고, 환경을 보호한다.

지속 성장을 위한 노력은 다음과 같다.

- **친환경 기술 개발:** 태양광, 풍력 등 재생 에너지 개발과 에너지 효율 향상 기술 개발을 통해 환경 부담을 줄인다.

- **순환 경제 구축**: 자원의 재활용과 순환을 통해 자원 낭비를 줄이고, 환경 오염을 방지한다.
- **사회적 책임 경영**: 기업들은 이윤을 추구할 뿐만 아니라 사회적 책임을 다하고, 지역사회 발전에 기여해야 한다.
- **국제 협력 강화**: 기후변화, 환경 오염 등 글로벌 문제 해결을 위해 국제사회와 협력해야 한다.

한중 간 지속 가능한 성장 교류는 양국이 환경·경제·사회적 차원에서 지속 가능한 발전을 추구하며 이루어지고 있는 중요한 협력 분야다. 이 교류는 특히 기후변화 대응, 녹색경제 촉진, 기술 혁신을 통해 양국의 경제와 환경 보호를 동시에 달성하려는 목표를 포함한다. 아래는 지속 가능한 성장 교류의 주요 분야들이다.

| 녹색경제 및 에너지 전환

녹색경제 및 에너지 전환은 현대 사회에서 필수적으로 요구되는 분야로, 한중 양국은 이 두 가지 분야에서의 협력을 강화하고 있다. 이들은 기후변화 대응, 지속 가능한 발전, 그리고 에너지 안보 문제 해결을 위한 전략적 접근을 포함하고 있다.

녹색경제는 환경 보호와 경제성장을 동시에 추구하는 모델로, 자원 효율성, 생태계 보호, 지속 가능한 발전을 중심으로 구성된다. 한중 양국은 이러한 녹색경제 모델을 통해 지속 가능한 성장을 도모하고 있으며, 특히 산업 구조 조정 및 혁신적인 기술 개발에 중점을 두고 있다.

한중 간 지속 가능한 성장의 중요한 축은 녹색경제로의 전환이다. 양국은 재생 에너지로의 전환을 촉진하고, 저탄소 경제를 위한 기술적 협력에 주력하고 있다.

2050년 탄소 중립 목표를 추진하는 한국은 재생 가능 에너지 확대와 친환경산업의 육성을 중점으로 하고 있다. 이를 통해 녹색산업을 육성하고, 에너지 전환을 가속하려고 노력하고 있다. 그린 뉴딜을 통해 지속 가능한 경제성장을 도모하며, 중국과의 에너지 기술 교류를 통해 풍력, 태양광 등 재생 가능 에너지 분야에서 협력을 강화하고 있다.

2060년 탄소 중립을 목표로 하는 중국은 세계 최대의 태양광과 풍력 에너지 생산국으로, 녹색경제 발전을 위해 대규모 재생 에너지 프로젝트를 추진하고 있다. 한중 간의 에너지 협력은 이러한 친환경 기술의 교류와 투자 확대를 통해 촉진되고 있다. 중국은 녹색 발전을 국가 전략으로 채택하고 있으며, 이는 경제성장을 지속하면서 환경 문제를 해결하는 데 초점을 맞추고 있다. 중국 정부는 지속 가능한 도시 개발과 친환경산업의 육성을 위한 정책을 추진하고 있다.

| 에너지 전환의 필요성

에너지 전환은 화석 연료에서 재생 가능 에너지로의 전환을 의미한다. 이는 탄소 배출량을 줄이고, 기후변화의 영향을 완화하기 위해 필수적이다. 한중 양국은 이 과정에서 여러 가지 협력 방안을 모색하고 있다.

중국은 세계 최대의 태양광 및 풍력 에너지 생산국으로 자리 잡고 있으며, 한국은 2030년까지 전력의 30%를 재생 에너지로 충당할 계획을 세우고 있다. 양국은 이러한 목표를 달성하기 위해 기술적 협력을 강화하고 있다.

양국은 스마트 그리드 기술 개발 및 에너지 효율성을 높이기 위한 연구 및 투자에 협력하고 있다. 이러한 기술은 전력 소비를 최적화하고, 에너지 낭비를 줄이는 데 기여한다.

에너지 전환의 필요성은 오늘날 기후변화, 자원 고갈, 환경 오염 등 여러 글로벌 문제를 해결하는 데 핵심적인 요인으로 자리 잡고 있다. 특히, 화석 연료에 대한 의존도를 줄이고 재생 가능한 에너지로 전환하는 것이 중요하다. 그 이유는 다음과 같다.

기후변화 대응

전 세계적으로 온실가스 배출량이 증가함에 따라 기후변화가 심각한 문제로 대두되고 있다. 화석 연료는 주요 온실가스인 이산화탄소의 주요 원인이며, 이를 줄이기 위해서는 에너지 전환이 필수적이다. 재생 가능 에너지(태양광, 풍력 등)는 탄소를 배출하지 않거나 배출량이 매우 적어 기후변화의 완화에 기여할 수 있다.

자원 고갈 문제

화석 연료는 유한한 자원으로, 그 고갈 속도가 빨라지고 있다. 석유, 석탄, 천연가스 등의 자원이 고갈됨에 따라, 지속 가능한 에너지원으로 전환해야 한다. 재생 가능 에너지원은 무한히 사용할 수 있어, 장기적으로 에너지를 안정적으로 공급할 수 있다.

에너지 안보 강화

에너지 전환은 에너지 안보를 강화하는 데도 기여한다. 화석 연료의 수입 의존도가 높아지면 에너지 공급의 안정성이 위협받을 수 있다. 반면, 재생 가능 에너지는 국내에서 생산할 수 있어, 에너지 자립도를 높이고 외부 충격에 대한 대응력을 강화한다.

경제적 기회

재생 가능 에너지는 경제적 기회를 창출한다. 이 분야에서의 투자와 혁신은 새로운 일자리를 만들고, 지역 경제를 활성화하는 데 기여한다. 에너지 전환을 통해 지속 가능한 기술과 인프라가 발전하면서, 글로벌 시장에서의 경쟁력을 높일 수 있다.

환경 보호

화석 연료의 사용은 대기오염과 수질오염을 유발한다. 에너지 전환을 통해 환경을 보호하고 생태계를 유지할 수 있다. 특히, 재생 가능 에너지원을 도입함으로써 대기의 질을 개선하고 자연 생태계를 복원할 수 있게 된다.

이와 같이 에너지 전환은 기후변화 대응, 자원 고갈 문제 해결, 에너지 안보 강화, 경제적 기회 창출, 환경 보호 등 다양한 측면에서 필수적이다.

한중 양국은 녹색경제 및 에너지 전환을 위한 여러 협력 프로그램과 프로젝트를 운영하고 있다. 예를 들어 한중 환경협력센터는 환경 관련 정보와 기술을 공유하며, 양국 간의 지속 가능한 발전을 위한 협력을 촉진한다. 그리고 양국의 기업 및 연구기관은 에너지 효율성 향상, 탄소 배출 저감 기술 개발 등 다양한 분야에서 공동 연구 프로젝트를 진행하고 있다. 또한 양국 정부는 국제 기후 협약에 따른 이행을 위해 정책적 협력을 강화하고 있으며, 기후변화 대응을 위한 공동 전략을 수립하고 있다.

▎기후변화 대응 협력

기후변화는 양국 모두의 주요한 정책 과제로, 탄소 배출 감축과 기후변화 적응을 위한 공동 노력이 이루어지고 있다. 양국은 국제적인 기후변화 협정 속에서 긴밀히 협력하고 있으며, 탄소 거래제 도입과 관련한 협력도 진행 중이다.

한중은 다양한 기후 관련 기술 개발에서 협력하고 있으며, 기후변화 대응을 위한 스마트 기술과 에너지 효율성 기술의 교류가 중요한 요인으로 자리 잡고 있다. 이러한 기술 교류는 양국의 산업이 기후변화에 적응하면서 지속 가능한 성장을 도모하는 데 기여한다.

▎지속 가능한 도시 개발

지속 가능한 도시 개발도 중요한 협력 분야다. 스마트 시티 개발과 관련하여, 한중 간의 기술 교류는 에너지 절감, 친환경 교통 시스템, 지속 가능한 인프라 개발을 목표로 하고 있다. 중국은 대규모 도시화 과정에서 이러한 스마트 도시 기술을 적용하는 데 큰 관심을 기울이고 있으며, 한국과의 협력을 통해 에너지 효율성을 높이고 녹색 도시 모델을 도입하고 있다.

사회적 지속 가능성 및 인적 교류

한중 간의 지속 가능한 성장 교류에는 경제적 협력 외에도 사회적 지속 가능성을 고려한 인적 교류도 포함된다. 특히 청소년 및 전문가 교류 프로그램을 통해 지속 가능한 성장에 대한 교육과 인식 제고 활동이 활발하게 진행되고 있다. 양국은 지속 가능한 개발 목표(SDGs)를 달성하기 위한 공공 및 민간 부문의 협력을 강화하고 있으며, 이는 장기적으로 양국의 사회적 안정을 위한 중요한 기반이 되고 있다.

녹색 기술 및 혁신 교류

지속 가능한 성장을 촉진하는 데 있어 녹색 기술 혁신이 필수적이다. 양국의 연구소와 기업들은 친환경 기술 개발에 협력하고 있으며, 특히 탄소 배출 저감 기술, 청정 에너지 기술, 스마트 그리드, 전기차 및 배터리 기술 분야에서의 기술 교류가 활발히 진행되고 있다. 이러한 기술 교류는 녹색경제성장을 가속하며, 양국이 글로벌 녹색 기술 시장에서 경쟁력을 강화하는 데 기여한다.

한중 간의 지속 가능한 성장 교류는 경제·사회·환경적 측면에서 양국이 직면한 도전에 대한 공동 대응을 강화하고, 지속 가능한 발전 목표를 향한 국제적 협력을 증진하는 중요한 요인으로 자리 잡고 있다.

Chapter 10

기후 문제 교류

한중 간의 기후 교류는 환경 보호와 기후변화 대응을 중심으로 진행되고 있으며, 양국은 기후 문제 해결을 위한 국제적 협력에 적극적으로 참여하고 있다. 다음은 주요 기후 교류 분야다.

▌정책 협력

한국과 중국은 기후변화에 대한 국제 협정인 파리협정을 준수하고, 기후변화에 대한 공동 대응을 위한 논의를 지속적으로 진행하고 있다. 양국은 탄소 중립과 지속 가능한 발전을 목표로, 온실가스 감축 및 재생 에너지 확대 등의 정책을 공유하고 있다.

2018년 한중 환경협력 협정을 통해 양국은 대기오염, 미세먼지 문제에 대한 공동 대응을 강화했다. 이는 동북아시아 지역에서 대기질 개선을 위한 주요 협력 사례로 평가받고 있다.

한중 간의 기후 정책 협력은 기후변화 대응, 대기오염 개선, 지속 가능한 발전 등을 목표로 활발하게 이루어지고 있다. 양국은 기후변화 문제의 심각성을 인식하고 다양한 분야에서 협력을 강화해 왔으며, 이는 지역적·국제적 환경 문제의 해결에 기여하고 있다.

| 기후변화 대응

양국은 기후변화 대응을 위한 정책적 협력을 통해 탄소 중립 목표를 함께 추진하고 있다. 한국은 2050년까지 탄소 중립을 달성하겠다는 목표를 선언했고, 중국은 2060년까지 탄소 중립을 실현하겠다고 발표했다. 이 과정에서 두 나라는 재생 에너지의 확대, 에너지 효율 향상, 그리고 녹색경제로의 전환을 위해 협력하고 있다.

예를 들어, 양국은 신재생 에너지 기술 공유 및 연구개발을 촉진하며, 풍력, 태양광 등 친환경 에너지 개발을 위한 공동 프로젝트를 진행하고 있다. 이 협력은 양국의 탄소 배출량을 줄이고 환경 보호를 위한 글로벌 노력을 강화하는 데 기여하고 있다.

한중 간의 기후 협력은 양국의 정책적 협력뿐만 아니라 국제적인 기후변화 대응 노력에서도 중요한 역할을 하고 있다. 양국은 파리기후협정의 당사국으로서, 온실가스 감축 목표를 준수하며 글로벌 기후변화에 적극적으로 대응하고 있다. 또한, 제26차 유엔기후변화협약당사국총회(COP26) 등의 국제 회의에서 한중 양국은 기후변화에 대한 공동 대응 의지를 표명하며, 지속 가능한 발전을 위한 다양한 논의에 동참하고 있다.

기술 혁신 및 녹색경제

한중 간의 협력은 기술 혁신을 통한 기후변화 대응에서도 중요한 역할을 하고 있다. 양국은 전기차, 배터리 등 친환경 기술 개발을 촉진하고 있으며, 스마트 그리드와 같은 기술을 통해 에너지 효율성을 높이고 있다. 이를 통해 양국은 녹색경제로의 전환을 가속하고, 지속 가능한 발전 목표를 달성하기 위한 기반을 마련하고 있다.

이러한 정책적 협력은 한중 양국이 기후변화 문제를 해결하고, 지속 가능한 경제 발전을 이뤄나가는 데 중요한 역할을 하고 있다.

미세먼지 문제 해결

한중 간 가장 중요한 기후 협력 분야 중 하나는 미세먼지 문제다. 중국에서 발생하는 대기오염이 한국에 영향을 미치고 있다는 점을 인식한 양국은 미세먼지 저감을 위한 공동 대응을 해왔다. 이를 위해 한중환경협력센터가 설립되어 양국은 대기질 모니터링 및 데이터 공유를 통해 실질적인 문제 해결 방안을 모색하고 있다.

또한, 양국은 한중일 환경장관회의 등을 통해 동북아시아 지역의 대기오염 문제에 대한 공통된 대응책을 논의하고, 협력 방안을 지속적으로 조정하고 있다. 한국과 중국은 미세먼지 문제 해결을 위해 공동 모니터링 시스템을 구축하고, 과학적 데이터를 공유하여 대기질 개선에 힘쓰고 있다. 특히 한중일 환경장관회의를 통해 동북아시아 국가들이 대기질 개선을 위한 협력을 강화하고 과학적 연구, 정책 수립,

기술 교류 등을 통해 미세먼지 문제에 대응하고 있다.

공동 대응 메커니즘

한중 간에는 미세먼지 문제를 해결하기 위한 한중환경협력센터가 운영되고 있다. 이 센터는 대기오염 물질에 대한 공동 모니터링 시스템을 구축하여 실시간 데이터를 공유하고, 양국의 연구 기관과 협력하여 미세먼지 원인과 저감 방안을 연구한다. 이를 통해 양국은 대기질 관리 정책을 강화하고 있다.

한중일 환경장관회의

한중 간 협력 외에도 한중일 환경장관회의를 통해 동북아시아 전역에서의 대기질 개선을 목표로 한 공동 프로젝트가 진행되고 있다. 이 회의는 대기오염 문제를 지역적으로 접근하는 중요한 포럼으로, 세 국가가 과학적 연구 결과를 바탕으로 협력 정책을 조율하고 대기질 개선을 위한 실질적인 조치를 하는 데 기여하고 있다.

정책적 협력

한국과 중국은 각각 탄소 배출 감소와 친환경 에너지 전환을 목표로 정책을 수립하고 있다. 한국은 2050년 탄소 중립을, 중국은 2060년 탄소 중립을 목표로 하여 에너지 전환 및 산업 혁신을 추진하고 있다. 특히, 양국은 석탄 사용 감소, 청정 에너지 확산, 산업 공정에서 발생하는 오염 물질 저감을 위해 상호 협력하고 있다.

과학적 연구 및 기술 교류

미세먼지 문제 해결을 위해서는 정확한 원인 분석과 기술적 해결책이 필요하다. 이를 위해 한중 양국은 미세먼지 원인 분석 및 대기오염 저감 기술 개발을 위한 공동 연구를 진행하고 있으며, 이러한 연구 결과는 양국의 정책 결정에 반영되고 있다. 또한, 공공 및 민간 부문에서 친환경 기술 개발과 녹색산업의 혁신에 협력하고 있다.

국민적 참여와 인식 제고

미세먼지 문제는 정부 차원의 노력 외에도 국민의 협력이 필요하다. 한중 양국은 대기질 개선을 위해 환경 보호 캠페인을 진행하고, 공공의 인식을 높이기 위한 교육 프로그램을 운영하고 있다. 이는 지속 가능한 환경 보호의 중요성을 강조하고, 일상생활에서의 친환경 행동을 장려하기 위한 방안이다.

이러한 협력은 한중 양국이 대기오염 문제를 해결하고, 더 깨끗한 환경을 제공하는 데 기여하고 있다.

ㅣ기후 기술 교류

한국과 중국은 신재생 에너지와 탄소 배출 저감 기술을 중심으로 기술 협력을 진행하고 있다. 양국은 기후변화 대응을 위한 첨단 기술 교류와 녹색기술 혁신을 촉진하고, 관련 산업에서도 협력을 확대하고 있다.

한중 간 기후 기술 교류는 기후변화에 대응하고 지속 가능한 발전을 촉진하기 위해 중요한 역할을 하고 있다. 양국은 기술 혁신을 통해 환경 보호, 에너지 효율 향상, 재생 가능 에너지 확대 등의 목표를 달성하고자 다양한 형태의 협력을 추진하고 있다.

신재생 에너지 기술 교류

한국과 중국은 태양광, 풍력, 수력 등 신재생 에너지 기술 분야에서 활발한 교류를 이어가고 있다. 양국은 재생 가능 에너지 발전을 위한 기술 개발에 투자하고 있으며, 이 과정에서 공동 연구 프로젝트를 추진하고 있다. 중국은 세계 최대의 태양광 및 풍력 에너지 생산국으로, 이 분야에서의 기술적 경험을 한국과 공유하고 있으며, 한국은 에너지 관리 시스템 및 청정 에너지 기술에서의 강점을 바탕으로 상호 협력을 강화하고 있다.

전기차 및 배터리 기술 협력

전기차 및 배터리 분야에서도 한국과 중국은 활발하게 협력하고 있다. 양국은 전기차 시장의 확장을 목표로 배터리 기술 개발을 공동 추진하고 있으며, 이 과정에서 전기차 충전 인프라 확충, 배터리 효율성 제고 등을 위한 기술적 노하우를 공유하고 있다. 한국의 배터리 제조업체와 중국의 전기차 생산업체 간의 협력이 대표적인 사례로, 글로벌 시장에서 경쟁력을 강화하고 있다.

스마트 그리드 및 에너지 관리

한중 양국은 스마트 그리드 기술을 통해 에너지 효율성을 높이고, 재생 가능 에너지 자원을 효과적으로 관리하기 위한 기술적 협력을 진행하고 있다. 스마트 그리드는 전력망의 효율성을 극대화하고, 에너지 소비를 최적화하는 시스템으로, 양국은 이를 통해 에너지 사용의 효율성을 높이고, 탄소 배출량을 줄이는 데 기여하고 있다.

녹색 기술 및 산업 혁신

양국은 기후 기술을 통한 녹색산업 발전을 위한 협력도 강화하고 있다. 한국은 탄소 중립 기술을 개발하고, 중국은 산업 공정에서 발생하는 탄소 배출량을 줄이기 위한 첨단 기술을 도입하고 있으며, 이를 통해 양국은 서로의 경험을 공유하며 녹색 기술 혁신을 촉진하고 있다.

기후 데이터 및 인공지능

한중 간 기후 기술 교류의 또 다른 측면은 기후 데이터 분석 및 인공지능(AI) 활용이다. 양국은 대기오염, 기후변화 예측 등을 위한 빅데이터 분석 및 인공지능 기술을 활용한 협력을 추진하고 있으며, 이를 통해 더욱 정교한 기후 모델링 및 대응 전략을 수립하고 있다.

이러한 기술 교류는 기후변화 대응에 대한 국제적인 노력을 강화하고, 지속 가능한 발전 목표를 실현하는 데 중요한 역할을 하고 있다.

| 재생 에너지 및 녹색경제

한국과 중국은 태양광, 풍력 등 재생 에너지 기술 개발에서 협력하고 있으며, 녹색경제로의 전환을 목표로 한 공동 프로젝트를 추진하고 있다. 이는 두 나라가 모두 에너지 전환과 친환경 경제로의 전환을 중요하게 여기고 있기 때문이다.

재생 에너지 및 녹색경제는 한중 양국의 기후 대응 전략에서 중요한 축을 형성하고 있으며, 두 나라는 모두 지속 가능한 발전을 목표로 재생 가능 에너지 분야와 녹색산업에 많은 투자를 하고 있다. 이 협력은 탄소 배출 감축과 에너지 전환을 위한 필수적인 과정으로, 양국의 경제와 환경 정책에 긴밀히 연계되어 있다.

재생 에너지 확대

재생 에너지는 화석 연료에 의존하지 않는 친환경 에너지원으로, 한중 양국은 모두 태양광, 풍력, 수력 등 재생 가능 에너지로의 전환을 강력히 추진하고 있다.

세계 최대의 태양광 및 풍력 에너지 생산국으로 자리 잡은 중국은 2060년 탄소 중립 목표를 달성하기 위해 재생 에너지 인프라를 급격히 확충하고 있다. 중국은 태양광 패널 제조에서 세계를 선도하고 있으며, 대규모 풍력 발전 단지 또한 지속적으로 구축하고 있다.

한국은 그린 뉴딜을 통해 재생 에너지 확대에 박차를 가하고 있으며, 2030년까지 전력 생산량의 30%를 재생 에너지로 충당할 계획을 세웠다. 또한, 한국은 해상 풍력 발전과 같은 기술 개발에서 강점을 보이고 있다. 양국은 재생 에너지 기술을 공유하며 에너지 전환을 가속하고, 이를 통해 탄소 배출량을 줄이는 데 기여하고 있다.

녹색경제 전환

녹색경제는 환경을 보호하면서도 경제성장을 촉진하는 모델로, 저탄소 산업과 친환경 기술을 중심으로 이루어진다. 중국은 국가 차원의 녹색경제 전략을 추진하며, 석탄 사용을 줄이고, 전기차, 배터리, 재생 에너지 기술을 개발하여 저탄소 경제로 전환하려는 노력을 기울이고 있다. 2020년부터는 녹색금융을 통해 친환경 프로젝트에 대한 투자를 장려하며, 녹색산업의 성장을 지원하고 있다.

한국은 2050 탄소 중립의 달성을 위해 녹색경제로의 전환을 적극 추진하고 있다. 이를 위해 녹색 혁신 기술에 대한 연구와 투자가 활발히 이루어지고 있으며, 전기차, 수소 경제, 배터리 기술 등의 산업이 녹색경제의 핵심 분야로 부상하고 있다. 또한, 정부는 에너지 전환과 녹색 성장을 촉진하기 위해 다양한 정책적 지원을 하고 있다.

국제 협력

재생 에너지와 녹색경제 분야에서의 한중 협력은 기후변화 대응의 글로벌 맥락에서도 중요한 위치를 차지하고 있다. 양국은 기후변화 대응을 위한 국제 협정에서 주요한 역할을 하고 있으며, 기후 기술, 에너지 혁신 등을 통해 지속 가능한 발전 목표(SDGs)를 실현하려는 노력을 지속하고 있다.

에너지 효율성 향상, 탄소 배출 감축, 스마트 그리드와 같은 분야에서 양국은 기술 협력 프로젝트를 추진하고 있으며, 이는 기후변화 대응에 기여하고 있다. 이러한 협력은 환경 보호와 동시에 경제성장을 추구하는 모델로 자리 잡고 있으며, 두 나라가 향후 기후변화 대응에서 더욱 중요한 역할을 할 것으로 기대된다.

| 민간 및 NGO 교류

민간 차원에서도 환경 보호 단체들이 한중 간의 교류를 촉진하고 있다. 양국의 시민단체는 기후변화 인식 제고와 교육 프로그램을 통해 기후변화에 대한 공공의 관심을 높이고, 다양한 협력 프로젝트를 통해 기후 대응 방안을 모색하고 있다.

한중 간의 기후 교류는 지역 및 국제적 기후 문제에 대한 공통의 이해를 바탕으로 확대되고 있으며, 지속 가능한 발전과 환경 보호를 위한 다양한 협력의 기초를 마련하고 있다.

한중 간의 환경 분야 민간 및 NGO 교류는 기후변화 대응, 대기오염 저감, 지속 가능한 발전 촉진을 위해 활발하게 이루어지고 있다. 이러한 교류는 정부 주도의 정책 협력 외에도 민간 차원의 협력이 더해져 양국 간의 환경 문제 해결에 기여하고 있다.

미세먼지 및 대기오염 대응

미세먼지 문제는 한중 환경 NGO들이 협력하는 주요 분야다. 한국과 중국의 환경 단체들은 공동으로 미세먼지 저감 캠페인을 벌이거나, 대기질 개선 프로젝트를 통해 양국 시민들의 인식을 높이고 있다.

예를 들어, 한국의 환경운동연합과 중국의 지방 환경단체들은 미세먼지의 원인을 분석하고, 이를 해결하기 위한 정책 제안을 공동으로 추진한다.

또한, 한중 환경협력센터와 같은 기구는 NGO들과 함께 대기오염 데이터를 공유하며, 과학적 연구 결과를 토대로 양국 간의 대기질 개선을 위한 해결책을 제시한다. 이러한 협력은 미세먼지 문제의 해결 과정에서 중요한 역할을 하고 있다.

기후변화 대응

기후변화 대응은 한중 간 환경 교류에서 중요한 축을 차지한다. 민간 환경 단체들은 기후변화 대응을 위한 지속 가능한 에너지 사용 촉진, 탄소 중립 목표 실현 등을 위해 상호 협력하고 있다. 이 과정에서 NGO들은 기후 행동 네트워크를 구축하여 양국의 기후 정책을 감시하고, 기후 회담과 같은 국제적인 기후변화 논의에도 적극적으로 참여한다.

예를 들어, 한국과 중국의 NGO들은 UN 기후변화협약 당사국총회(COP) 등의 국제 회의에서 한목소리를 내며, 기후변화 대응을 위한 글로벌 차원의 협력을 촉진하고 있다.

청소년 및 지역 사회 참여

환경 보호와 관련한 민간 교류는 특히 청소년과 지역 사회 참여 프로그램을 통해 양국의 미래 세대가 환경 문제에 대한 인식을 높이고 적극적으로 참여하도록 독려하고 있다. 한국과 중국의 NGO들은 교환 프로그램을 통해 양국 청소년들이 서로의 환경 문제를 배우고 해결 방안을 모색할 수 있도록 지원한다. 이러한 프로그램은 환경 보호의 중요성을 인식시키는 중요한 교육적 역할을 하고 있다.

지속 가능한 개발 및 기술 협력

한중 간 NGO 교류는 지속 가능한 개발 목표(SDGs) 실현을 위한 협력에도 초점을 맞추고 있다. 한국과 중국의 비정부기구들은 녹색 기술 개발과 관련한 세미나 및 워크숍을 개최하여 에너지 절감 기술, 친환경 농업, 지속 가능한 도시 개발 등의 분야에서 협력한다. 이러한 교류는 기술적 혁신을 바탕으로 한 환경 보호와 경제 발전을 동시에 이루기 위한 노력을 보여준다.

국제적 네트워킹 및 연대

한중 간 환경 NGO는 국제적인 네트워크 속에서도 활발히 협력하고 있다. 양국의 NGO들은 다른 나라의 환경 단체들과 연대하여 글로벌 차원에서 기후변화 대응, 환경 보호 활동에 참여하고 있다. 이러한 국제적 연대는 양국의 환경 문제 해결을 위한 공동 대응을 넘어, 전 세계적으로 지속 가능한 발전을 촉진하는 데 기여한다.

이러한 민간 및 NGO 교류는 한중 간의 환경 문제 해결과 더불어 지속 가능한 발전을 위한 국제적인 협력의 중요한 축으로 자리 잡고 있다.

Chapter 11

중국에서의 한류의 영향

한류(韓流, Korean Wave)는 지난 수십 년간 중국에 큰 영향을 미쳤으며, 한국과 중국 간의 문화 교류와 관계에 중요한 역할을 해왔다. 중국에서 한류는 1990년대 후반에 시작되어, 현재까지 한국의 음악, 드라마, 영화, 패션, 뷰티 등 다양한 분야에서 지속적인 인기를 끌고 있다. 하지만 정치적 갈등과 외교적 긴장 속에서도 한류의 영향력은 중국 내에서 계속해서 존재하고 있다.

| 음악(K-POP)의 영향력

K-POP은 한류의 핵심적인 부분으로, 특히 중국의 젊은 세대에게 강력한 영향을 미치고 있다. 2000년대 초반 보아와 동방신기 등 한국 아티스트들이 중국 시장에 진출하면서 큰 성공을 거두었고, 이후 빅뱅, EXO, BTS 등 K-POP 아이돌 그룹들이 중국에서 큰 인기를 끌었다.

특히 EXO와 BTS 같은 그룹은 중국 내 팬층을 확대하며 콘서트, 음반 판매, 광고 모델 등 다양한 분야에서 영향력을 행사했다. 이들은 소셜미디어를 통해 중국 팬들과 소통하며 중국 내에서 강력한 팬덤 문화를 형성했다. 이러한 K-POP의 인기는 단순한 음악을 넘어, 한국 패션, 뷰티, 라이프스타일까지 중국의 젊은이들 사이에서 트렌드로 자리 잡는 데 기여했다.

┃ 드라마와 영화

한국 드라마는 한류의 중요한 요인으로, 중국에서 큰 인기를 끌었다. 2000년대 초반 '겨울연가'와 '대장금'이 중국에서 방영되면서 한국 드라마는 본격적으로 한류 붐을 일으켰다. 이후 '별에서 온 그대', '태양의 후예', '도깨비'와 같은 드라마들이 중국에서 큰 인기를 끌며 한국 드라마에 대한 수요가 급증했다.

한국 드라마는 중국인들의 한국 문화에 대한 관심을 불러일으켰을 뿐 아니라, 관광산업에도 큰 영향을 미쳤다. 많은 중국인이 한국 드라마의 촬영지를 방문하거나 드라마에 나온 한국 제품들을 소비하는 등, 한류는 중국 내에서 소비 문화를 형성하는 데 중요한 역할을 했다.

또한, 한국 영화도 중국 시장에서 주목받았다. '암살', '부산행', '신과 함께' 등의 한국 영화들은 중국에서 흥행에 성공하며 한국 영화의 위상을 높였다. 다만, 한국 영화는 중국 정부의 문화 정책에 따라 제한적으로 개봉되거나 배급되기 때문에 드라마나 K-POP만큼의 폭넓은 영향력은 가지지 못하고 있다.

┃ 뷰티와 패션

한류는 중국의 뷰티 및 패션 산업에도 큰 영향을 미쳤다. K-POP 스타들과 배우들이 사용하는 화장품, 입는 옷들이 중국 내에서 트렌드로 자리 잡았으며, 한국의 화장품 브랜드들은 중국 시장에서 큰 성공을 거두었다. 아모레퍼시픽, 이니스프리, 에뛰드하우스 등 한국 뷰티 브랜드들은 한류의 인기를 타고 중국 시장에서 강력한 브랜드 인지도를 쌓았다.

한국의 성형 문화도 중국에서 주목받았다. 많은 중국인이 한국의 뷰티 트렌드를 모방하며 성형 수술을 받기 위해 한국을 방문하거나, 한국의 미용 기술을 배우고자 하는 열풍이 일기도 했다.

┃ 한류의 경제적 영향

한류는 중국 내에서 단순한 문화적 영향에 그치지 않고, 경제적 효과도 상당하다. 한국의 연예 기획사들은 중국 시장에서 음반 판매, 콘서트 수익, 광고 계약 등을 통해 막대한 수익을 올리고 있으며, 한국의 드라마 및 영화 제작사들도 중국 방송사와의 협력을 통해 판권을 판매하거나 공동 제작을 추진하는 등 다양한 경제적 기회를 창출하고 있다.

또한, 한류의 인기는 한류 관광을 촉진하며 중국인들이 한국을 방문하는 계기가 되었다. 중국인 관광객들은 K-POP 스타들의 콘서트에 가거나 드라마 촬영지를 방문하고, 한국에서 쇼핑하며 한국 경제에 긍정적인 영향을 미치고 있다.

▎ 정치적 갈등 속의 한류

한류는 중국과 한국 간의 정치적 긴장 속에서 종종 제한을 받기도 했다. 2016년 사드(THAAD) 배치로 인해 중국 정부는 한한령(限韓令)이라는 비공식적인 한류 제재를 시행하며, 한국 연예인들의 중국 활동이 제한되었고, 한국 콘텐츠의 수입에도 제동이 걸렸다. 이는 한류산업에 큰 타격을 주었으며, 특히 K-POP과 한국 드라마, 영화의 중국 내 방영과 프로모션에 어려움을 겪게 되었다.

그러나 이러한 제한에도 불구하고 한류는 중국 내에서 완전히 사라지지 않았다. 중국 팬들은 여전히 인터넷 스트리밍 플랫폼이나 SNS를 통해 한국 콘텐츠에 접근하고 있으며, 비공식 경로를 통해 K-POP과 한국 드라마를 소비하고 있다. 한한령이 해제되면, 한류는 다시 중국 시장에서 강력한 영향력을 행사할 가능성이 크다.

중국에서 한류의 미래는 정치적 상황과 밀접하게 연결되어 있지만, 문화적으로는 여전히 강력한 영향력을 유지할 것으로 예상된다. 중국의 젊은 세대는 K-POP, 드라마, 영화뿐 아니라 한국 라이프스타일 전반에 지속적으로 관심을 기울이고 있으며, 이는 한류가 앞으로도 중국에서 중요한 문화 현상으로 남을 것임을 시사한다.

또한, 양국 간의 관계 개선과 문화 교류 확대가 이루어지면, 한류는 중국 내에서 다시 한번 큰 붐을 일으킬 수 있다. 한국과 중국은 문화적으로 가까운 이웃 국가로서 상호 간의 교류가 더욱 활발해질 수 있는 가능성이 크기 때문에 한류는 중국에서 장기적으로도 긍정적인 영향을 미칠 것으로 보인다.

PART 7

국제적 맥락에서 본 한중 관계

Chapter 1

미중 경쟁이 한중 관계에 미치는 영향

미중 경쟁은 한중 관계에 상당한 영향을 미치고 있으며, 이는 정치, 경제, 안보, 외교 등 다양한 분야에서 나타나고 있다. 한국은 미국과의 동맹 관계를 유지하고 있지만, 동시에 중국과의 경제적 연계가 깊어지는 상황에서 복잡한 외교적 딜레마에 직면하고 있다. 다음은 미중 경쟁이 한중 관계에 미치는 주요 영향이다.

▎정치적 압박

한국은 미국과의 동맹을 유지하면서도 중국과의 경제적 관계를 강화해야 하는 상황에서 정치적 압박을 받고 있다. 미중 간의 갈등이 심화될수록 한국은 양국 사이에서 균형을 유지하는 데 어려움을 겪는다. 미국은 한국에 대한 안보를 보장하는 한편, 중국의 군사적 팽창과 지역 내 영향력 확대에 대해 경계하고 있다. 한국은 미중 간의 갈등으로 인해 자국의 안보에 대한 전략을 재조정해야 할 필요성이 커지고 있다.

| 경제적 의존

한국은 중국과의 무역에서 큰 비중을 차지하고 있으며, 중국은 한국의 최대 수출 시장이다. 반면, 한국은 미국과의 무역에서도 중요한 관계를 유지하고 있다. 미중 경쟁이 격화되면 한국은 양국의 경제적 압박을 동시에 받을 수 있다. 미국이 중국의 기술 발전을 견제하기 위해 반도체, 통신 등 특정 산업에서의 협력 및 기술 이전을 제한하고 있다. 한국은 이러한 산업에 대한 의존도가 높기 때문에, 미중 경쟁의 결과로 발생할 수 있는 산업 경쟁의 파장에 민감할 수밖에 없다.

| 안보 및 군사적 협력

미중 경쟁이 심화되면서 한국은 미국과의 군사적 협력을 강화하는 방향으로 나아가고 있다. 예를 들어, 한미 연합 훈련 및 안보 협력이 확대되고 있으며, 이는 한국의 안보 전략에 중요한 요인으로 작용하고 있다. 반면, 한국의 군사적 협력이 미국 중심으로 나아가면 중국은 이를 안보 위협으로 간주하고, 한국에 대한 경제적 보복이나 외교적 압박을 강화할 수 있다. 이에 따라 한중 간의 긴장이 고조될 수 있다.

| 외교적 관계의 복잡성

미중 경쟁이 심화되면서 한국은 다자적 외교 및 지역 협력의 중요성을 인식하게 되었다. 아세안(ASEAN), 쿼드(Quad) 등 다양한 다자적 플랫폼을 통해 미국과의 관계를 강화하면서도, 중국과의 협력도 소홀히 하지 않으려고 노력한다. 미중 간의 경쟁이 격화되면 동아시아 지역의 안정성이 위협받을 수 있으며, 한국은 이를 해결하기 위한 외교적 노력을 기울여야 한다. 한중 간의 협력은 지역 안정을 도모하는 데 중요한 역할을 할 수 있다.

| 문화 및 인적 교류의 변화

미중 경쟁으로 인해 한중 간의 문화적 교류도 영향을 받고 있다. 정치적 긴장감이 커짐에 따라 양국의 문화 프로그램이나 교류가 제한될 수 있으며, 이는 양국 국민 간의 상호 이해를 저해할 수 있다.

한국의 대학들이 중국과의 교류 프로그램을 운영하지만, 미중 간의 긴장이 높아지면 학생들의 교류와 문화 체험이 줄어들 수 있다. 이는 차세대 리더를 양성하는 데 부정적인 영향을 미칠 수 있다.

미중 경쟁은 한중 관계에 복잡한 영향을 미치고 있으며, 한국은 이러한 상황에서 외교적 균형을 유지하고, 경제적 기회를 모색해야 하는 과제를 안고 있다. 앞으로의 한중 관계는 미중 경쟁의 진전에 따라 여러 양상으로 발전할 가능성이 있으며, 한국은 국제 정세 변화에 민감하게 반응하며 유연한 외교 전략을 개발해야 한다.

Chapter 2

아시아·태평양 지역 내의
세력 균형에 의한 한중 관계

아시아·태평양 지역 내의 세력 균형은 한중 관계에 큰 영향을 미치고 있다. 이 지역은 경제적·정치적·군사적 세력의 중심지로 부상하고 있으며, 각국은 자국의 이익을 보호하고 강화하기 위해 다양한 전략을 구사하고 있다. 한중 관계는 이러한 세력 균형 속에서 복잡하게 얽혀 있으며, 다음은 주요 요소들이다.

▎경제적 상호 의존

한국과 중국은 서로에게 중요한 무역 파트너다. 한국은 중국 시장에 대한 의존도가 높으며, 중국은 한국의 주요 수출 시장 중 하나다. 이러한 경제적 상호 의존은 양국 관계에 긍정적인 영향을 미치지만, 동시에 지역 내 세력 균형의 변화에 민감할 수 있다.

한중 간의 투자와 산업 협력도 세력 균형에 영향을 미친다. 중국은 한국의 주요 외국인 직접 투자처 중의 하나이며, 한국 기업들은 중국 시장에서의 성장 기회를 찾고 있다. 그러나 이러한 협력은 지역 내 다른 강국들, 특히 일본과 미국의 관심과 경쟁을 초래할 수 있다.

| 안보 및 군사적 동향

한국은 미국과의 강력한 군사 동맹을 유지하고 있다. 미국은 아시아·태평양 지역에서의 안보 동맹을 통해 중국의 군사적 팽창에 대응하고 있으며, 한국은 이러한 미국의 전략의 하나로 자국의 안보를 강화하고 있다. 그리고 중국은 자국의 영향력을 확대하기 위해 군사력을 강화하고 있으며, 이는 한국에 대한 안보적 위협으로 작용할 수 있다. 한국은 미중 간의 군사적 긴장 속에서 자국의 안보를 어떻게 보장할 것인지 고민해야 하는 상황에 놓여 있다.

| 외교적 전략

한국은 아시아·태평양 지역에서 다자주의 외교를 통해 세력 균형을 유지하려는 노력을 하고 있다. 예를 들어, 아세안(ASEAN), 동아시아 정상 회담(EAS) 등을 통해 지역 국가들과의 협력을 강화하며, 중국과의 관계도 전략적으로 관리하고 있다. 한중 관계에는 정치적·역사적 갈등이 존재하지만, 양국은 상호 신뢰 관계를 구축하기 위한 다양한 노력을 기울이고 있다. 문화 교류, 경제 협력 등을 통해 갈등을 최소화하고, 지역 안정에 기여하는 방향으로 나아가고자 한다.

❙ 글로벌 이슈와 협력

아시아·태평양 지역의 세력 균형은 기후변화와 같은 글로벌 이슈에서도 중요하다. 한국과 중국은 기후변화 대응을 위해 협력해야 하며, 이러한 협력은 두 나라의 관계를 긍정적으로 이끌어낼 수 있다. 그리고 테러, 사이버 안보, 전염병 등 비전통적 안보 문제에 대한 협력도 한중 관계에서 중요한 요소다. 양국은 이러한 문제 해결을 위한 공동의 노력을 통해 지역의 안정성을 높일 수 있다.

❙ 세력 균형의 변화

중국의 경제적·군사적 부상은 아시아·태평양 지역의 세력 균형에 큰 영향을 미치고 있다. 이 때문에 한국이 전략적으로 중국과의 관계를 관리해야 할 필요성이 늘어나고 있다. 한국은 중국과의 경제 협력을 강화하면서도 미국과의 동맹 관계를 유지하려는 복잡한 상황에 직면해 있다. 또한 일본은 한국과 중국 사이에서 세력 균형을 유지하려고 하는 또 다른 중요한 국가다. 한국은 일본과의 역사적 갈등을 극복하고, 두 나라 간의 협력을 강화해야 하는 도전에 직면해 있으며, 이는 아시아·태평양 지역 내의 세력 균형에도 영향을 미친다.

아시아·태평양 지역 내의 세력 균형은 한중 관계에 큰 영향을 미치고 있으며, 한국은 이러한 복잡한 상황에서 자국의 외교 정책을 조정해야 한다. 경제적 상호 의존, 안보 동향, 외교적 전략, 글로벌 이슈에 대한 협력 등 여러 측면에서 한중 관계를 발전시키는 것은 양국이 안정적이고 지속 가능한 관계를 구축하는 데 중요한 요인으로 작용할 것이다.

Chapter 3

한미 관계와 한중 관계의 상호작용

한미 관계와 한중 관계는 상호작용하며, 이 두 관계는 한국의 외교 및 안보 전략에서 중요한 요인으로 작용하고 있다. 한국은 미국과의 강력한 동맹을 통해 안보를 확보하고 있으며, 동시에 중국과의 경제적·, 문화적 관계를 강화하는 복잡한 외교적 환경에 놓여 있다. 다음은 한미 관계와 한중 관계의 상호작용을 설명하는 주요 요소들이다.

I 안보 및 군사적 측면

한국은 미국과의 군사 동맹을 통해 안보를 강화하고 있다. 미국의 군사적 지원은 한국이 북한의 위협에 대응하는 데 중요한 역할을 한다. 그러나 이러한 군사적 협력은 중국에는 안보 위협으로 인식될 수 있으며, 한중 간의 긴장을 유발할 수 있다. 따라서 한미 연합 훈련은 중국의 군사적 팽창에 대한 경고로 여겨질 수 있으며, 이는 한중 관계에 부정적인 영향을 미칠 수 있다. 중국은 한미 훈련을 자국의 안보를 위협하는 요인으로 인식하고 반발할 가능성이 높다.

| 경제적 관계

한국은 미국과 중국, 모두와 깊은 경제적 관계를 맺고 있다. 그러나 미중 무역 갈등이 심화될수록 한국은 양국의 경제적 압박을 더 많이 받을 수 있다. 한미 관계가 강화되면 한국은 미국의 경제 정책에 영향을 받을 수 있으며, 이는 한중 관계에 간접적인 영향을 미칠 수 있다. 한국은 미국과의 기술 협력을 통해 산업 경쟁력을 강화하고 있으며, 동시에 중국 시장에서의 기회를 찾고 있다. 미국의 기술 보호 정책이 강화되면, 한국 기업들은 중국 시장에서의 경쟁력에 영향을 받을 수 있다.

| 정치적 역학

한국은 미국과의 동맹을 유지하면서도 중국과의 경제적 관계를 강화하려는 복잡한 외교적 딜레마에 놓여 있다. 미중 간의 갈등이 심화될수록 한국은 양국 간의 균형을 맞추는 데 어려움을 겪을 수 있다. 그리고 한국은 아시아·태평양 지역에서 다자 외교를 통해 한미 관계와 한중 관계를 동시에 고려하고 있다. 아세안(ASEAN), 동아시아 정상회담(EAS) 등 다양한 플랫폼을 통해 양국과의 관계를 균형 있게 유지하려고 노력해야 한다.

▎문화 및 인적 교류

한미 관계가 강화되면 한국의 문화가 미국 중심으로 변화할 가능성이 높다. 이는 한국 내에서 중국 문화의 영향력이 줄어들 수 있음을 의미하며, 한중 관계에 영향을 미칠 수 있다. 현재 한국의 대학들은 미국과 중국 모두와의 교류 프로그램을 운영하고 있다. 그러나 미중 간의 갈등이 심화되면. 학생 및 연구자 간의 이동이 제한될 수 있으며, 이는 양국 간의 인적 자원 교류에 부정적인 영향을 미칠 수 있다.

▎지역적 안정성

미중 간의 갈등이 지역의 안정성을 위협하면, 한국은 미국과의 동맹을 통해 안정성을 확보하려고 할 수 있다. 그러나 이 과정에서 중국과의 관계가 긴장될 수 있으며, 이는 한국의 외교적 입장을 복잡하게 한다. 따라서 한국은 지역 안정을 위해 한미 동맹을 강화하고, 동시에 중국과의 대화를 통해 긴장을 완화하려는 노력을 기울여야 한다. 이는 양국 간의 신뢰 관계 구축과 안정적인 외교 관계 형성에 도움이 될 것이다.

한미 관계와 한중 관계는 서로 밀접하게 연결되어 있으며, 한국의 외교 정책은 이 두 관계의 균형을 유지하는 데 큰 도전 과제를 안고 있다. 한국은 미국과의 강력한 동맹을 통해 안보를 확보하면서도, 중국과의 경제적 협력을 통해 성장 기회를 모색해야 한다. 이러한 상호작용 속에서 한국은 지역의 안정과 지속 가능한 발전을 위해 외교 전략을 조정해야 할 필요성이 있다.

Chapter 4

북핵 문제와 한중 관계

북핵 문제는 한중 관계에 큰 영향을 미치는 복잡한 이슈다. 북한의 핵 개발과 이에 대한 국제사회의 대응은 한국과 중국의 외교적·안보적 관계에 여러 가지 측면에서 영향을 주고 있다. 다음은 북핵 문제와 한중 관계의 주요 요소들이다.

| 안보적 긴장

북한의 핵 개발은 한국의 안보에 직접적인 위협으로 작용하고 있다. 한국은 북한의 핵무장에 대응하기 위해 미국과의 군사적 동맹을 강화하고, 자국의 군사력을 강화하려는 노력을 기울이고 있다. 이는 한중 관계에 긴장 요인으로 작용할 수 있다. 중국은 북한과의 긴밀한 관계를 유지하고 있으며, 북한의 핵 무장이 지역의 불안정성을 초래하면, 자국의 안보에 부정적인 영향을 미칠 수 있다고 우려하고 있다. 따라서 중국은 북핵 문제 해결을 위한 외교적 노력을 강조하고 있다.

| 외교적 협력

북한의 핵 문제는 한국과 중국이 공동으로 대응해야 하는 과제다. 양국은 북한의 비핵화를 위한 외교적 협력을 강화하고, 국제사회와의 공조를 통해 문제 해결을 모색해야 한다.

한중 양국은 6자 회담과 같은 다자적 외교 체제를 통해 북한 문제를 해결하기 위한 함께 노력해 왔다. 이러한 다자적 접근은 북한 문제를 해결하는 데 중요한 역할을 할 수 있다.

| 경제적 영향

북한의 핵 개발에 대한 국제사회의 제재와 압박은 북한 경제에 큰 타격을 주고 있다. 한국과 중국은 북한의 경제적 안정을 도모하기 위해 인도적 지원과 경제 협력을 고려할 수 있지만, 이는 제재와의 균형을 맞추는 데 어려움을 겪을 수 있다.

중국은 북한의 최대 무역 파트너로서, 북한의 경제적 지원을 제공하는 동시에 국제사회의 제재를 준수해야 하는 복잡한 상황에 놓여 있다. 한국은 중국이 북한에 대한 경제적 지원을 통해 비핵화 과정에 기여할 수 있도록 유도하여야 한다.

│ 군사적 긴장

북핵 문제가 심화되면, 미국은 한국에 대한 군사적 지원을 확대할 가능성이 높다. 이는 한중 관계에 군사적 긴장을 초래할 수 있으며, 중국은 미국의 군사적 개입을 경계하고 있다.

한미 동맹의 강화로 북한의 핵 위협이 심화되면, 한국은 한미 동맹을 강화하고, 군사적 자산을 더 많이 배치할 수 있다. 이러한 동향은 중국에 안보 위협으로 인식될 수 있다.

│ 정치적 역학

정치적 갈등의 발생 가능성 때문에 북한의 핵 문제 해결 과정에서 한국과 중국 간의 의견 차이가 발생할 수 있다. 한국은 북한의 비핵화에 대한 강력한 입장을 유지하고 있지만, 중국은 북한의 안정성을 중시하는 경향이 있다. 이러한 정치적 갈등은 한중 관계에 부정적인 영향을 미칠 수 있다.

상호 신뢰 관계 구축은 북한 문제 해결을 위한 협력 과정에서 한국과 중국 간의 상호 신뢰 관계 구축이 중요하다. 양국은 공동의 목표를 설정하고 이를 달성하기 위해 협력하는 방식으로 관계를 발전시킬 수 있다.

북핵 문제는 한중 관계의 복잡성을 더하는 주요 요소다. 한국은 북한의 핵 위협에 대응하기 위해 미국과의 동맹을 강화하는 동시에, 중국과의 외교적 협력을 통해 문제 해결을 모색해야 한다. 중국은 북한과의 관계를 유지하면서도, 한중 간의 협력을 통해 지역의 안정성을 높이려는 노력을 기울여야 한다. 이러한 상호작용은 한중 관계의 미래에 중대한 영향을 미칠 것이다.

PART 8

미래의 한중 관계 전망

Chapter 1

경제적 협력의 지속 가능성

한중 관계의 경제적 협력은 두 나라 간의 상호 의존성을 강화하며, 지속 가능한 발전에 기여하고 있다. 그러나 이러한 협력의 지속 가능성은 여러 요인에 의해 영향을 받는다. 다음은 한중 경제적 협력의 지속 가능성을 평가하는 주요 요소들이다.

| 상호 의존성

한국과 중국은 서로에게 주요 무역 파트너이며, 양국 간의 무역 규모는 지속적으로 커지고 있다. 한국의 대중국 수출은 전 세계에서 가장 큰 비중을 차지하고 있으며, 이는 두 나라 간의 경제적 상호 의존성을 높이고 있다. 또한 한국은 첨단 기술, 반도체, 자동차 등 산업에서 강점을 지니고 있으며, 중국은 대규모 시장과 생산 능력을 가지고 있다. 이러한 산업 구조의 상호 보완성은 경제적 협력의 지속 가능성을 높이는 요소다.

| 정치적 요인

한중 관계는 정치적·역사적 갈등에 영향을 받는다. 예를 들어, 사드(THAAD) 배치 문제나 역사적 갈등은 경제적 협력에 부정적인 영향을 미칠 수 있다. 이러한 정치적 긴장이 경제적 협력의 지속 가능성을 저해할 수 있다. 그러나 한중 간의 외교적 협력은 경제적 관계에도 긍정적인 영향을 미친다. 양국 정부 간의 신뢰 관계 구축과 공동의 목표 설정은 경제적 협력을 지속 가능하게 하는 기반이 될 수 있다.

| 글로벌 경제 환경

미국과 중국 간의 무역 갈등은 한국 경제에도 직접적인 영향을 미친다. 한국은 두 나라와 모두 경제적으로 연계되어 있어, 미중 갈등이 심화되면, 한국이 둘 중에 하나를 선택해야 하는 딜레마에 직면할 수 있다. 이러한 글로벌 경제 환경은 한중 경제적 협력의 지속 가능성에 영향을 미칠 수 있다.

경제적 불확실성, 예를 들어, 금융 위기나 글로벌 공급망의 변화는 한중 관계에도 영향을 미칠 수 있다. 한국은 경제적 협력을 강화하기 위해 이러한 불확실성에 대응하는 유연한 전략을 개발해야 한다.

┃기술 및 혁신

한국과 중국은 기술 협력을 통해 새로운 성장 동력을 찾고 있다. 인공지능, 5G, 반도체 등 첨단 산업에서의 협력은 양국 경제의 지속 가능한 발전을 위한 중요한 요인으로 작용할 수 있다. 또한 양국 기업 간의 공동 연구 및 개발(R&D) 투자도 경제적 협력의 지속 가능성을 높이는 데 기여할 수 있다. 이러한 협력은 서로의 기술 발전과 산업 경쟁력을 강화하는 데 도움이 된다.

┃사회적 요인

한중 간의 문화적 교류와 인적 자원 교류는 경제적 협력을 더욱 강화할 수 있다. 학생 교환 프로그램, 기업 간 협력 등을 통해 양국 국민 간의 이해도와 신뢰도를 높이는 것이 중요하다. 한중 관계의 지속 가능성은 양국이 공유하는 가치와 목표에 달려 있다. 지속 가능한 발전, 환경 보호, 사회적 책임 등에 대한 공동의 노력이 경제적 협력을 심화할 수 있다.

한중 관계의 경제적 협력은 현재까지 긍정적으로 발전해 왔으나, 지속 가능성을 확보하기 위해서는 정치적·글로벌 경제 환경, 기술적 협력, 사회적 요인 등 다양한 측면에서 노력해야 한다. 양국은 상호 의존성을 기반으로 한 협력을 지속하고, 갈등 요소를 최소화하며, 경제적 협력을 위한 새로운 기회를 모색해야 할 것이다. 이러한 노력을 한다면 한중 경제적 협력은 지속 가능하고 더욱 강화될 수 있을 것이다.

Chapter 2

정치적 갈등의 해결 방안

한중 관계의 정치적 갈등은 역사적·안보적·외교적 요인으로 인해 복잡하게 얽혀 있다. 이러한 갈등을 효과적으로 해결하기 위해서는 여러 가지 접근 방식과 전략이 필요하다. 다음은 한중 간의 정치적 갈등을 해결하기 위한 몇 가지 방안이다.

대화와 소통의 강화

양국 간의 정기적인 고위급 회담을 통해 서로의 입장을 이해하고 갈등의 원인을 논의하는 것이 중요하다. 이러한 대화는 신뢰 관계 구축의 토대가 될 수 있다. 그리고 학계, 민간 부문, 정부 관계자들이 참여하는 전문가 회의를 통해 갈등 해결을 위한 다양한 아이디어와 해결책을 모색할 수 있다. 이러한 포럼은 양국 간의 상호 이해를 증진하는 데 기여할 수 있다.

▎상호 신뢰 관계 구축

군사적·외교적 정보의 투명한 공유는 상호 신뢰 관계를 구축하는데 중요한 요소다. 양국은 서로의 안보 우려를 이해하고 이를 해소하기 위해 노력해야 한다. 그리고 군사적 긴장 완화를 위한 신뢰 관계를 구축할 수 있다. 예를 들어, 군사 훈련 일정의 사전 통보, 상호 방문 등의 조치를 해야 한다.

▎역사적 갈등의 재조명

역사적 갈등은 한중 관계에 큰 영향을 미치고 있다. 양국은 역사적 사실에 대한 객관적인 논의와 학술적 연구를 통해 서로의 입장을 이해하고 갈등을 해소하려고 노력해야 한다. 따라서 공동의 역사 연구 프로젝트를 통해 양국의 역사적 사건을 객관적으로 분석하고, 이를 통해 갈등을 줄여 나가는 방안이 필요하다.

▎경제적 상호 의존성의 강화

경제적 상호 의존성을 강화하는 것은 정치적 갈등의 완화에 긍정적인 영향을 미칠 수 있다. 양국은 경제 협력을 통해 상호 이익을 창출하고, 이를 통해 정치적 갈등을 해소할 수 있는 기반을 마련해야 한다. 따라서 양국 간의 공동 프로젝트를 진행할 때 인프라 구축, 환경 보호 등에서 협력하면 상호 이해를 증진할 수 있다.

❙ 문화 및 인적 교류 증진

문화 및 예술 분야의 교류를 통해 양국 국민 간의 이해도를 높일 수 있다. 이러한 프로그램은 상대방에 대한 긍정적인 이미지를 형성하는 데 기여할 수 있다. 따라서 학생 및 연구자 간의 교류 프로그램을 통해 서로의 문화와 가치관을 이해하고, 이를 통해 갈등을 줄여 나갈 수 있다.

❙ 다자적 협력 기구의 활용

아세안(ASEAN), 동아시아 정상 회담(EAS) 등 다자 외교 기구를 활용하여 갈등 해결을 위한 플랫폼을 제공할 수 있으며, 이를 통해 다수의 이해관계자와 협력하여 문제를 해결할 수 있다. 또한 국제사회의 지원을 통해 갈등 해결을 위해 노력할 수 있다. 예를 들어, UN 등의 국제기구로부터 중재와 지원을 받을 수 있다.

한중 관계의 정치적 갈등은 복잡하지만, 위에서 제시한 다양한 방안을 통해 해결할 수 있는 가능성이 있다. 대화와 소통, 신뢰 관계 구축, 역사적 갈등의 재조명, 경제적 상호 의존성 강화, 문화 및 인적 교류 증진, 다자적 협력 기구 활용 등은 갈등 해결을 위한 효과적인 전략이 될 수 있다. 이러한 노력을 통해 한중 관계는 더욱 안정적이고 지속 가능한 방향으로 발전할 수 있을 것이다.

Chapter 3

국제 무대에서의
한국과 중국의 역할 변화

국제 무대에서의 한국과 중국의 역할 변화는 두 나라의 외교 정책, 경제적 입지, 안보 전략 등 다양한 요소에 의해 영향을 받고 있다. 최근 몇 년간의 변화와 함께 한국과 중국이 국제사회에서 맡고 있는 역할을 살펴보면 다음과 같은 주요 요소들이 있다.

| 중국의 부상

중국은 세계에서 두 번째로 큰 경제 대국으로 부상하며, 글로벌 경제에서 중요한 역할을 하고 있다. 중국의 경제적 부상은 국제 무역 및 투자에서의 영향력을 강화했으며, 이는 한국에도 기회와 도전이 되고 있다. 또한 중국은 아시아 및 전 세계에서 정치적 영향력을 강화하기 위해 다양한 외교 정책을 추진하고 있다. 예를 들어, 일대일로 이니셔티브를 통해 다른 국가들과의 경제적 관계를 강화하고 있다.

┃ 한국의 외교적 위치 변화

한국은 미국과의 동맹 관계를 강화하여 안보를 확보하고 있다. 북한의 위협에 대응하기 위한 군사적 협력이 지속되고 있으며, 이는 한국이 국제사회에서 미국의 주요 동맹으로 자리매김하는 데 기여하고 있다. 그리고 한국은 아세안(ASEAN) 및 동아시아 정상 회담(EAS) 등의 다자 외교 기구에서 활동하며, 지역 내의 안정과 협력을 위한 중재자 역할을 강화하고 있다. 특히, 한국은 남북 관계와 관련하여 국제사회에서 중재자의 모습을 보일 수 있다.

┃ 안보 및 군사적 측면

북한의 핵 문제는 한국과 중국에 모두 중요한 안보 이슈다. 한국은 미국과의 동맹을 통해 이 문제에 대응하고 있으며, 중국은 북한의 안정성을 중시하는 경향이 있다. 이에 따라 한중 간의 협력이 필요하지만 갈등 요소도 존재한다. 그리고 한중 간의 군사적 긴장, 특히 미국의 군사적 존재와 관련한 이슈는 두 나라의 외교 관계에 복잡한 영향을 미친다. 한국은 미국과의 협력을 통해 중국의 군사적 팽창에 대응하고자 하지만, 이는 중국의 반발을 초래할 수 있다.

┃경제적 상호 의존성

한국은 중국과의 경제적 관계를 통해 많은 혜택을 얻고 있다. 중국은 한국의 최대 무역 파트너국이며, 양국 간의 경제적 상호 의존성이 강화되고 있다. 이러한 관계는 국제 무대에서의 두 나라의 입지를 더욱 공고히 하고 있다. 그리고 한국과 중국은 기술 분야에서의 협력을 통해 혁신과 산업 발전을 추구하고 있다. 이로 인해 두 나라는 글로벌 경제에서의 경쟁력을 더욱 강화할 수 있다.

┃문화적 영향력

한국의 문화 콘텐츠(한류)는 세계적으로 큰 인기를 얻고 있으며, 이는 한국의 국제적 이미지를 높이고 영향력을 강화하는 데 기여하고 있다. 반면, 중국도 자국의 문화와 가치를 국제사회에 알리기 위해 다양한 노력을 기울이고 있다. 그리고 양국 간의 인적 교류는 서로 간의 이해를 증진하고 문화적 유대감을 강화하는 데 기여하고 있다. 이는 정치적 관계에도 긍정적인 영향을 미칠 수 있다.

┃환경 및 글로벌 이슈 대응

한국과 중국은 기후변화와 같은 글로벌 이슈에 대한 공동의 책임을 인식하고, 이를 해결하기 위한 협력을 강화하고 있다. 이러한 협력은 국제사회에서의 두 나라의 위상을 높일 수 있는 기회가 될 것이다.

또한 코로나19 팬데믹을 비롯한 글로벌 보건 문제에 대한 공동 대응도 양국 간 협력의 중요한 부분이다. 이러한 협력은 국제사회에서의 한국과 중국의 역할을 강화하는 데 기여할 수 있다.

한국과 중국은 국제 무대에서의 역할이 바뀌고 있으며, 서로의 관계는 복잡하게 얽혀 있다. 두 나라는 정치적·경제적·문화적 측면에서의 협력을 강화해야 하며, 이를 통해 국제사회에서의 입지를 더욱 강화할 수 있을 것이다. 이러한 변화는 또한 한중 관계의 발전과 더불어 지역 및 글로벌 안정성을 높이는 데 기여할 수 있다.

Chapter 4

시진핑 체제하의 한중 관계 총평

시진핑 시기의 한중 관계는 복잡하고 다면적인 발전을 보여주고 있으며, 여러 요소가 상호작용하며 양국의 외교·경제·문화적 관계를 형성하고 있다. 다음은 시진핑 시기의 한중 관계에 대한 총평이다.

｜ 경제적 협력의 심화

시진핑 체제하에서 한국과 중국의 경제적 상호 의존성은 지속적으로 강화되었다. 중국은 한국의 최대 무역 파트너국이며, 양국 간의 무역량과 투자가 증가하고 있다. 양국은 반도체, 전기차, 인공지능 등 첨단 산업에서의 협력을 확대하고 있으며, 이러한 협력은 양국의 경제적 경쟁력을 높이고 있다. 특히, 한국의 기술이 중국의 대규모 시장과 결합되어 서로의 이익을 극대화하고 있다.

┃정치적 갈등과 긴장

역사적 갈등과 관련한 이슈가 한중 관계에 영향을 미치고 있으며, 특히 역사적 사건에 대한 서로 다른 해석이 갈등을 유발할 수 있다. 예를 들어, 일본의 역사 문제와 관련하여 양국 간의 협력에 차질이 생길 수 있다. 또한 북한의 핵 문제와 사드(THAAD) 배치 문제 등은 한중 간의 정치적 긴장을 초래하고 있다. 한국은 미국과의 군사 동맹을 강화하고 있으며, 이는 중국의 반발을 초래할 수 있는 요소다.

┃문화 및 인적 교류

한류(한국 문화의 세계적 확산)는 중국에서 큰 인기를 얻고 있으며, 이는 한국의 긍정적인 이미지를 형성하는 데 기여하고 있다. 문화적 교류는 양국 간의 이해와 신뢰를 증진하는 데 중요한 역할을 하고 있다. 그리고 학생 및 연구자 간의 교류가 증가하여 양국 국민 간의 이해와 친밀도가 높아지고 있다. 이러한 인적 교류는 한중 관계의 발전에 기여할 것이다.

┃글로벌 이슈에서의 협력

한국과 중국은 기후변화 및 환경 문제에 대한 공동의 책임을 인식하고 있으며, 이를 해결하기 위한 협력을 강화하고 있다. 이는 두 나라의 글로벌 리더십을 강화하는 데 기여할 수 있다. 그리고 코로나19 팬데믹을 포함한 글로벌 보건 문제에 대한 협력은 두 나라 간의 신뢰를 강화하는 기회가 될 수 있다. 이러한 공동 대응은 국제사회에서의 한중 관계를 긍정적으로 발전시키는 요소가 될 것이다.

| 미중 경쟁의 영향

미국과 중국 간의 경쟁이 심화됨에 따라 한국은 외교적 딜레마에 직면하고 있다. 한국은 미국과의 군사 동맹을 유지하면서도 중국과의 경제적 관계를 강화해야 하는 상황에 놓여 있다. 이러한 미중 경쟁은 한중 관계에 복잡한 영향을 미치고 있다.

시진핑 시기의 한중 관계는 경제적 협력의 심화와 정치적 갈등이 공존하는 복잡한 양상을 보이고 있다. 양국은 경제적 이익을 공유하면서도 역사적 갈등, 안보적 긴장, 미중 경쟁 등 다양한 도전에 직면하고 있다. 앞으로의 한중 관계는 이러한 요소들이 어떻게 상호작용하느냐에 따라 결정될 것이며, 양국이 상호 이해와 협력을 바탕으로 관계를 발전시켜 나가는 것이 중요하다. 지속 가능한 미래를 위해서는 정치적 갈등을 줄이고 경제적 협력을 강화하며, 문화적 교류를 통해 서로에 대한 이해를 증진해야 할 것이다.

Chapter 5

한중 관계의 미래 방향

한중 관계의 미래 방향은 다양한 요소에 의해 영향을 받으며, 양국 간의 정치적·경제적·사회적 상호작용을 통해 형성될 것이다. 다음은 한중 관계의 미래를 전망하는 주요 요소와 방향성이다.

| 경제적 협력의 심화

양국 간의 경제적 상호 의존성이 더욱 강화될 것으로 예상된다. 한국은 중국 시장에서의 기회를 적극적으로 활용하고, 중국은 한국의 첨단 기술 및 제품에 대한 수요를 지속적으로 유지할 것이다. 그리고 인프라 개발, 환경 보호, 4차 산업혁명 관련 기술 분야에서의 공동 프로젝트가 증가할 것이다. 이러한 협력은 두 나라의 경제적 성장을 지원하는 동시에 지역의 안정성을 강화할 수 있다.

| 정치적 신뢰 관계 구축

양국 간의 고위급 대화 및 외교 채널을 통해 정치적 신뢰 관계를 구축하는 것이 중요하다. 이는 갈등 해결과 협력 강화를 위한 기반이 될 것이다. 역사적 갈등에 대한 상호 이해와 연구를 통해 미래 지향적인 관계로 발전할 수 있는 기회를 모색해야 한다. 공동의 역사 연구 프로젝트나 교육 프로그램이 진행될 수 있다.

| 안보 및 군사적 협력

북한의 핵 문제는 한중 관계의 핵심 이슈로 남을 것이다. 양국은 국제사회와 협력하여 이 문제를 해결하는 데 기여할 수 있는 방안을 모색해야 한다. 그리고 군사적 긴장을 완화하기 위한 신뢰 관계 구축 조치를 통해 안정적인 안보 환경을 조성하는 것이 중요하다. 이는 한중 관계의 지속 가능성을 높이는 데 기여할 것이다.

| 문화 및 인적 교류의 확대

한국의 문화 콘텐츠와 중국의 문화가 상호 작용하며, 두 나라 간의 문화적 유대감이 강화될 것이다. 문화 교류 프로그램이 확대되어 서로에 대한 이해가 깊어질 것이다. 또한 인적 자원 교류를 통해 양국의 미래 세대가 서로의 문화와 가치관을 이해하는 기회를 얻게 될 것이다. 이는 장기적으로 한중 관계의 긍정적 발전에 기여할 것이다.

| 글로벌 이슈에 대한 공동 대응

기후변화와 환경 문제에 대한 공동 대응은 한중 간의 협력을 강화하는 데 중요한 요소가 될 것이다. 두 나라는 지속 가능한 발전 목표를 달성하기 위해 협력하여야 한다. 그리고 코로나19와 같은 글로벌 보건 문제에 대한 공동 대응은 국제사회에서의 두 나라의 위상을 높이는 기회가 될 수 있다. 이를 통해 한중 간의 신뢰 관계를 구축하고 협력을 강화할 수 있다.

| 다자 외교 및 글로벌 리더십

아세안, 동아시아 정상 회담 등 다자 외교 기구를 통해 협력하는 것이 중요하다. 이를 통해 지역 내 문제를 해결하고, 국제사회에서의 한국과 중국의 공동 리더십을 강화할 수 있다. 그리고 안전, 경제, 환경 등 다양한 국제 이슈에 대한 협력을 통해 두 나라의 국제적 위상을 높이고, 서로의 이해를 증진할 수 있다.

한중 관계의 미래는 복잡하지만, 많은 기회를 내포하고 있다. 양국은 경제적 협력을 강화하고 정치적 신뢰 관계를 구축하며, 문화 및 인적 교류를 통해 상호 이해를 증진해야 한다. 또한, 글로벌 이슈에 대한 공동 대응을 통해 국제사회에서의 위상을 높일 수 있는 기회를 모색해야 한다. 이러한 방향성을 통해 한중 관계는 더욱 지속 가능하고 안정적인 방향으로 발전할 것으로 기대된다.

국문 자료

<단행본>

- 김달중,『외교정책의 이론과 이해』, (서울: 오름, 1998).
- 김동성,『한반도 동맹구조와 한국의 신대외 전략』, (서울: 한울, 2011).
- 김태호 외,『중국 외교 연구의 새로운 영역』, (파주: 나남, 2008).
- 김태효 외,『현대외교정책론(제2판)』, (서울: 명인문화사, 2003).
- 김흥규,『시진핑 시기 중국 외교안보 그 패러다임의 변화』, (서울: 동아시아역사재단, 2015).
- 문순보,『북한의 도발 환경 비교 분석: 1968년과 2010년의 주요 사건을 중심으로』, 성남: 세종 연구소, 2012).
- 문정인,『중국의 내일을 묻다』, (서울: 삼성경제연구소, 2010).
- 문흥호,『중국의 대외전략과 한반도』, (서울: 울력, 2006).
- 박종철 외,『통일한국에 대한 국제적 우려 해소와 편익: 지역 및 주변국 차원』, (서울: 통일연구 원, 2012).
- 박준영,『국제정치학』, (서울: 박영사, 2005).
- 박창권 외,『미중 관계 전망과 한국의 전략적 대응 방향』, (서울: 한국국방연구원, 2010).
- 박치정,『한국 속 중국: 중국의 정치문화와 한중 관계』, (서울: 심화, 2017).
- 방수옥,『중국의 외교정책과 한중 관계』, (고양: 인간사랑, 2004).
- 배정호 외,『북한 핵의 국제정치와 한국의 대북 핵전략』, (서울: 통일연구원, 2011)
- 서진영,『21세기 중국 외교정책』, (서울: 폴리테리아, 2006).
- 성균관대학교 성균중국연구소 엮음,『한중 수교 25년사』, (서울: 성균관대학교 출판부, 2017).
- 송봉선,『중국을 통해 북한을 본다』, (서울: 시대정신, 2011).
- 옌쉐퉁,『2023: 세계사 불변의 법칙』, (서울: 글항아리, 2013).
- 오진용,『김일성시대의 중소와 남북한』, (파주: 나남출판, 2004).
- 원광대학교 한중관계연구원 엮음,『이슈로 본 한중 관계의 오늘과 내일』, (파주: 한울 아카데 미, 2017).

- 이근욱,『왈츠 이후 국제정치이론의 변화와 발전』, (서울: 한울, 2009).
- 이동률 외,『공산당의 진화와 중국의 향배: 제18차 당 대회의 종합적 분석』, (서울: 서강대학교 출판부, 2013).
- 이동률 편,『중국의 미래를 말하다: 글로벌 슈퍼파워의 가능성과 한계』, (서울: 동아시아연구원, 2011).
- 이동률,『중국의 영토 분쟁』, (서울: 동북아역사재단, 2008).
- 이동수 외,『동아시아 갈등의 역사와 미래 전망』, (고양: 인간사랑, 2017).
- 이만희,『동아시아 패권 경쟁과 한일 안보정책』, (고양: 인간사랑, 2016).
- 이무성 편,『국제정치의 이해』, (서울: 높이깊이, 2010).
- 이상훈,『미국의 안보전략 변화와 한미동맹 발전 방향』, (서울: 국방대학교, 2008).
- 이수훈,『세계체제, 동북아, 한반도』, (서울: 아르케, 2004).
- 이정희 외,『현대 국제 정치 이론과 한국적 수용』, (파주: 법문사, 2009).
- 이창호,『시진핑의 다자주의』, (서울: 북그루, 2023).
- 이태환,『미중관계와 한반도의 미래』, (파주: 한울, 2013).
- 이희옥,『중국의 국가 대전략 연구』, (서울: 폴리테이아, 2007).
- 이희옥, 먼홍화 편,『한반도 연도 보고 2016』, (서울: 성균관대학교 출판부, 2016).
- 이희옥, 먼홍화 편,『한반도 연도 보고 2017』, (서울: 다산출판사, 2017).
- 이희옥, 차재복 외,『1992-2012 한중 관계 어디까지 왔나: 성과와 전망』, (서울: 동북아역사재단, 2012).
- 이희옥, 한바오장 편,『한반도 연도보고 2015』, (서울: 성균관대학교 출판부, 2015).
- 장달중 외, 북미 대립: 탈『냉전 속의 냉전 대립』, (서울: 서울대학교 출판문화원, 2011).
- 전병곤 외,『중국 신외교전략과 당면한 이슈들』, (서울: 오름, 2013).
- 정재호,『미중 관계 연구론』, (서울: 서울대학교 출판문화원, 2014).
- 정재호,『중국의 부상과 한반도의 미래』, (서울: 서울대학교 출판문화원, 2011).
- 조영남,『21세기 중국이 가는 길』, (파주: 나남, 2009).
- 최명해,『『중국 북한 동맹관계: 불편한 동거의 역사』, (서울: 오름, 2009).
- 한석희,『후진타오 시대의 중국대외관계』, (서울: 폴리테이아, 2007).
- 현성일,『북한의 국가전략과 파워 엘리트』, (서울: 선인, 2007).

<논문>

- 강병환, "미국의 동아시아전략과 중국의 대응: 해상패권 경쟁과 갈등을 중심으로",『중소연구』, 제38집 제1호, (2014).
- 강정일, "북중동맹의 공고성에 관한 연구",『전략연구』, 통권 제5호, (2012).

- 권영근, "대한민국의 안보와 자율성에 관한 미국의 인식과 행태 연구: 작전통제권을 중심으로", 『전략연구』, 제24집 제2호, (2016).

- 김갑식, "동북아 지역안보 패러다임과 북핵 문제", 『통일문제연구』, 통권 제52호, (2009).

- 김강일, "중국의 동북아전략과 대한반도정책", 『JPI정책포럼』, 제19집, (2009).

- 김관옥, "미중 패권경쟁의 이론적 논쟁 재조명", 『대한정치학회보』, 제24집 제2호, (2016).

- 김성한, "미국 외교 틀 속에서의 한국", 『신아세아』, 23권 제1호, (2016).

- 김순수, "중국의 중앙국가안전위원회 설립에 관한 연구", 『민족연구』, 제63호, (2015).

- 김열수, "주한미군의 군사적 역할 재조명", 『아태연구』, 제10권 제1호, (2003).

- 김영준, "세력 전이 이론의 전개, 진화, 그리고 적용에 대한 고찰", 『국제관계연구』, 제20권 제1호, (2011).

- 김우상, "세력 전이와 동아시아 안보 질서에 관한 경험적 연구", 『한국정치학회보』, 제5집 제4호, (2002).

- 김우상, "한미동맹의 이론적 재고", 『한국과 국제정치』, 제20권 제1호, (2004).

- 김재관, "트럼프의 외교정책과 미중 관계에 대한 전망", 『글로벌 정치연구』, 제10권 제1호, (2017).

- 김재철, "세계 금융위기와 중국의 대미정책", 『중소연구』, 제34권 제2호, (2010).

- 김종득, 정철기, "중국의 대한국 반덤핑규제 현황 분석과 대응 방안", 『인문사회 21』, 제8권 제5호, (2017).

- 김종표, "남북한 관계와 인식-행위 연계모형", 『한국정치학회보』, 제41집 제2호, (2007).

- 김준형, "동맹이론을 통한 한미 전략 동맹의 함의 분석", 『국제정치연구』, 제12집 제2호, (2009).

- 김지훈, "한중 역사 갈등 줄이기: 동북공정과 중국의 역사 교과서", 『역사문제연구』, 제17호, (2007).

- 김진용, "미중 간 신형대국관계는 지속 가능한가", 『동북아문화연구』, 40권 제40호, (2014).

- 김진호, "시진핑 집권2기 신시대 중국특색사회주의 분석: 한중 관계를 고려하며", 『세계지역연구논총』, 제36권 제1호, (2018).

- 김태호, "한중 관계 21년의 회고와 향후 발전을 위한 제언", 『전략연구』, 제60호, (2013).

- 김태효, "일본의 한반도 정책과 신정부의 對日 외교과제", 『국가경영전략』, 제3집 제1호, (2009).

- 김태우, "북핵 위협과 사드(THAAD) 논쟁", 『북한』, 제520호, (2015).

- 박휘란, "한중 관계에서의 기대와 실제의 격차 분석: 사드 배치 논란의 사례 적용", 『평화학연구』, 제19권1호, (2018).

- 심세현, "21세기 동북아 전략구도의 변화와 한반도 – 미중 패권 경쟁과 한국의 안보전략", 『전략연구』, 제22집, (2015).

- 유동원, "중국의 국가안보전략 변화", 『대한정치학회보』, 제27권 3호, (2019).

- 유동원, "중국의 비전통안보 연구: 위협 유형과 대응전략", 『국방정책연구』, 제87집, (2010).

● 유동원, "중국의 비전통안보 연구: 위협 유형과 대응전략", 『국방정책연구』, 제87집, (2010).

● 장달중, 임수호, "부시행정부의 패권전략과 동아시아의 안보딜레마", 『국가전략』, 제10권 제2호, (2004).

● 장성장, "김정은 체제의 경제 개혁·개방 전망과 과제", 『국가전략』, 제18권 제4호, (2012).

● 전병곤, "중국의 북핵 문제 인식과 중북 관계의 변화", 『중국학연구』, 제35집, (2006).

● 전병곤, "중국의 통일한국 인식과 역할", 『중국학연구』, 제63권, (2013).

● 전재성, "2008년 경제위기와 미중 관계의 변화, 한국의 전략", 『한국과 국제정치』, 제28권 제1호, (2012).

● 전재성, "동맹이론과 한국의 동맹정책", 『국방연구』, 제47권 제2호, (2004).

● 전재성, "동아시아 국제정치 질서에 대한 체제 차원 분석: 복합조직원리론의 관점에서", 『국제지역연구』, 제18권 제4호, (2014).

● 정상화, "체제 유지의 관점에서 본 북한경제 개혁의 함의 및 평가", 『국방연구』, 제48권 제2호, (2005).

● 정진영, "국제정치 이론논쟁의 현황과 전망: 새로운 이론적 통합의 향방", 『국제정치논총』, 제40집 제3호, (2000).

● 정천구, "중국의 대외정책과 남북한 통일 문제", 『평통일전략』, 제10권 제2호, (2010).

● 정하용, "양극 체제와 동맹 정치", 『국가전략』, 제18권 제2호, (2012).

● 정항석, "60년 한미동맹의 지속과 변화", 『평화연구』, 제21권 제2호, (2013).

● 조성렬, "한반도 전략환경의 변화와 한미 동맹의 재정의", 『통일연구논총』, 제11권 제1호, (2002).

● 주형민, "미중관계의 과거, 현재, 미래: 협력자 혹은 경쟁자", 『평화연구』, 제11권 제1호, (2011).

● 최강, 박준성, "천안함 사건 이후의 한반도 주변 안보 정세와 주요 도전", 『전략연구』, 제17권 제3호, (2010).

● 최종건, "패권국 지위 변화와 동북아 질서 재편: 동북아 다자협력질서의 특징을 중심으로", 『한국과 국제정치』, 제25권 제4호, (2009).

● 최희식, "한미일 협력체제 제도화 과정 연구: 1969년 한미일 역할 분담의 명확화를 중심으로", 『한국정치학회보』, 제45권 제1호, (2011).

● 한계전, "한중인문학회 20년 역사의 회고", 『한중인문학연구』, 제54권, (2017).

● 한석희, "국제정치 이론에서 본 중미 관계의 미래: 2008년 세계금융위기 이후를 중심으로", 『EAI중국연구패널 보고서』, (2012).

● 황병덕, 신상진, "세계 경제위기와 미중 관계 변화 연구: 북한 핵문제에 미치는 영향", 『통일연구원 연구총서』, (2009).

중문 자료

<단행본>

• 安玹鎬, 『中韓日經濟三國演義:誰爲勝者』,(北京:中國經濟出版社, 2014).

• 安東尼·史密斯, 『民族主義:理論,意識形態,歷史』,(上海:人民出版社, 2006).

• 布魯斯·卡明斯, 『視差:美國與東亞的關系』,(北京:生活·讀書·新知三聯書店出版社, 2016).

• 崔憲濤, 『面向二十一世紀的中俄戰略協作夥伴關系』,(北京:中央黨校出版社, 2003).

• 蔡華堂, 『大國東北亞戰略博弈研究』,(北京:時事出版社, 2017).

• 陳波, 『冷戰同盟及其困境』,(上海:人民出版社, 2008).

• 編寫組, 『鄧小平外交思想學習綱要』,(北京:世界知識出版社, 1999).

• 編寫組, 『鄧小平思想年譜』,(北京:中央文獻出版社, 1998).

• 編寫組, 『鄧小平文選　第三卷』,(北京:人民出版社, 1993).

• 費昭珣, 『大盟友與小夥伴』,(北京:世界知識出版社, 2014).

• 郭敬, 『中國·東盟環境合作:區域綠色發展與合作夥伴關系』,(北京:中國環境科學院 出版社, 2014).

• 高華平　等　譯注, 『韓非子』,(北京:中華書局, 2015).

• 管文虎　編, 『國家形象論』,(成都:成都科技大學出版社, 2000).　221

• 何喜有,申相振, 『從相互隔絕到戰略合作:建交後中韓政治經濟關系的演化』,(上海:複旦大學出版社, 2016).

• 郝雨凡,林甦　編, 『中國外交決策:開放與多元的社會因素分析』,(北京:社會科學文獻出版社, 2007).

• 亨利·基辛格, 『大外交』,(海口:海南出版社, 2012).

• 亨利·基辛格, 『美國的全球戰略』,(海口:海南出版社, 2012).

• 姜聲鶴　著,王亞麗　譯, 『韓國外交政策的困境』,(北京:社會科學出版社, 2017).

• 金一南　等著, 『大國戰略』,(北京:中國言實出版社, 2017).

• 肯尼士·華爾滋,信強　譯, 『國際政治理論』,(上海:上海世紀出版集團, 2003).

• 劉中偉·沈家文, 『跨太平洋夥伴關系協議:中國與亞太區域合作的新機遇』,(北京:經濟管理出版社, 2014).

• 劉金質　等编, 『中國與朝鮮半島國家關系文件資料汇編』,(北京:世界知識出版社, 2006).

• 廖文遠　等譯注, 『戰國策』,(北京:中華書局, 2014).

• 李向陽, 『中國睦鄰外交』,(北京:時事出版社, 2003).

• 羅伯特·吉爾平　著,楊宇光　等譯, 『國際關系政治經濟學』,(北京:經濟科學出版社, 1989).

• 羅伯特·傑維斯,秦亞青　譯, 『國際政治中的知覺與錯誤知覺』,(北京:世界知識出版社, 2003).

• 羅伯特·基歐漢, 『霸權之後:世界政治經濟中的合作與紛爭』,(上海:上海人民出版社, 2003).

• 劉作奎,鞠維偉, 『中國與捷克的戰略夥伴關系:現狀,前景,問題及對策』,(北京:中國社會科學院出版社,2016).

● 陸俊元,『地緣政治的本質與規律』,(北京:時事出版社,2005).

● 曼紐爾·卡斯特·主編,周凱 譯,『網絡社會:跨文化的視角』,(北京:社會科學文獻出版社,2009).

● 孟慶義 等,『朝鮮半島:問題與出路』,(北京:人民出版社,2006).

● 馬丁·英迪克,李侃如·邁克爾·奧漢隆 著,『重塑歷史:貝拉克·奧巴馬的外交政策』,(北京:中國社會科學出版社,2006).

● 美國國家情報委員會,『全球趨勢2025』,(北京:時事出版社,2009).

● 諾曼·裏奇,『大國外交』,(北京:人民大學出版社,2015).

● 朴健一,『中國與朝鮮半島的研究』,(北京:民族出版社,2006).

● 朴鍵一 等,『中韓關系與東北亞經濟共同體』,(北京:中國社會科學出版社,2006).

● 習近平,『深化合作夥伴關系·共建亞洲美好家園:習近平在新加坡國立大學的演講』,(北京:人民出版社,2015).

● 習近平,『一帶一路國際合作高峰論壇重要文輯』,(北京:人民出版社,2017).

● 司馬遷,『酈生陸賈列傳』,『史記』,(北京:燕山出版社,2007).

● 沈定昌,『韓國對外關係』,(北京:社會科學出版社,2003).

● 沈銘輝,『跨太平洋夥伴關系協定:基於FTA戰略視角的研究』,(北京:經濟管理出版社,2015).

● 宋成有,『中韓關係史Ⅰ』,(北京:社會科學文獻出版社,2014).

● 宋成有,『中韓關係史Ⅱ』,(北京:社會科學文獻出版社,2014).

● 史世偉,『主編,競爭與夥伴關系』,(北京:對外經貿大學出版社,2014).

● 石源華,『中共十八大以來中國周邊外交研究報告』,(北京:社會科學文獻出版社,2016).

● 孫學峰,劉若楠,『東亞安全秩序與中國周邊政策轉型』,(北京:社會科學文獻出版社,2017).

● 孫學峰,『中國崛起困境』,(北京:社會科學文獻出版社,2013).

● 王傳劍,『陳峰君,亞太大國與朝鮮半島』,(北京:北京大學出版社,2002).

● 王奇,『中俄戰略夥伴對話』,(北京:中央編譯出版社,2014).

● 王帆,『大國外交』,(北京:聯合出版公司出版社,2016).

● 王義桅,『一帶一路:機遇與挑戰』,(北京:人民出版社,2015).

● 王曉玲·金都姬,『中韓人文交流:現狀,意義和問題』,(北京:時事出版社,2015).

● 王曉玲,『韓國人的中國觀』,(北京:社會科學文獻出版社,2014).

● 吳澗生·曲鳳傑 等著,跨太平洋夥伴關系協定趨勢,『影響及戰略對策研究』,(北京:中國計劃出版社,2014).

● 汪偉民,『美韓同盟再定義與東北亞安全』,(上海:辭書出版社,2013).

● 夏征農·陳至立,『辭海(第六版)』,(上海:辭書出版社,2009).

● 約翰·伊肯伯裏,韓召穎 譯,『美國無敵:均勢的未來』,(北京:北京大學出版社,2005).

• 楊思錄, 『中印戰略合作夥伴關系研究』, (北京:社會科學出版社, 2014).

• 閻學通, 『歷史的慣性』, (北京:中信出版社, 2013).

• 朱鋒, 『國際關係理論與東亞安全』, (北京:中國人民大學出版社, 2007).

• 張蘊嶺, 『中國與周邊國家:構建新型夥伴關係跨世界的中國外交』, (北京:社會科學文獻出版社, 2008).

• 張蘊嶺, 『構建新的夥伴關係:崛起的中國及其鄰國』, (北京:社會科學文獻出版社, 2008).

• 張蘊嶺, 『對手還是朋友:調整中的中美日俄關系』, (北京:社會科學文獻出版社, 2001).

• 張新平, 『中國特色的大國外交戰略』, (北京:人民出版社, 2017).

• 周弘 主編, 『中歐關系研究報告 2014:盤點戰略夥伴關系十年』, (北京:社會科學文獻出版社, 2013).

• 鄭永年, 『通往大國之路:中國與世界秩序的重塑』, (上海:東方出版社, 2011).

• 鄭永年·大格局, 『中國崛起應該超越情感和意識形態』, (上海:東方出版社, 2014).

• 張少書, 『朋友還是敵人』, (北京:中央編譯出版社, 2014).

• 張歷歷, 『當代中國外交簡史』, (上海:上海人民出版社, 2015).

• 張少文, 『韓國外教與對外關系』, (台北:商務印書館, 2009).

• 張潔編, 『中國周邊安全形勢評估(2016) 一帶一路:戰略對接與安全風險』, (北京:社會科學文獻出版社, 2016).

• 張玉國 著, 『日美同盟關系轉型研究』, (北京:社會科學文獻出版社, 2015).

• 趙立新, 『當代東亞民族主義與國家間關系:20世紀90年代以來中韓日民族主義的沖突與整合』, (北京:社會科學文獻出版社, 2015).

• 茲比格紐·布熱津斯基, 中國國際問題研究所 譯, 『大棋局:美國的首要地位及其地緣戰略』, (上海:上海人民出版社, 1998).

• 詹姆斯·多爾蒂, 小羅伯特·普法爾茨格拉夫 著, 閻學通, 陳寒溪 等譯, 『爭論中的國際關係理論』, (北京:世界知識出版社, 2003).

• 鍾飛騰, 『跨越修昔底德陷阱:新型大國關系與國際秩序構建』, (北京:社會科學文獻出版社, 2018).

• 周方銀, 『中國周边外交发展报告』, (北京:社會科學文獻出版社, 2016).

• 中國國際問題研究所, 『國際形勢和中國外交藍皮書』, (北京:世界知識出版社, 2017).

• 中國國際問題研究所, 『全球核態勢評估報告』, (北京:世界知識出版社, 2015).

• 中國社會科學院語言研究所詞典編輯室, 『現代漢語詞典』, (北京:商務出版社, 2012).

<논문>

• 安剛, "中韓建交25周年之問:何處覓初心", 『世界知識』, 第18期(2017).

• 畢穎達, "深化中韓戰略合作夥伴關係的空間,挑戰及應對", 『東北亞論壇』, 第2期(2015).

- 畢穎達, "調整中的美韓同盟:發展歷程,强化動因及其挑戰",『美國研究』, 第1期(2018).

- 陳永, "中美宣導的夥伴關係比較研究:演變過程與概念界定",『國際政治研究』, 第5期(2016).

- 陳志敏, "夥伴戰略:世紀之交中國的現實理想主義外交戰略",『太平洋學報』, 第3期(1999).

- 陳峰君, "21世紀朝鮮半島對中國的戰略意義",『國際政治研究』, 第4期(2001).

- 陳向陽, "中國對朝鮮半島統一政策淺析", 亞非縱橫』, 第5期(2012).

- 陳小鼎·劉豐, "結構現實主義外交政策理論的構建與拓展:兼論對理解中國外交政策的啟示",『當代亞太』, 第5期(2012).

- 楚樹龍, "東北亞戰略形勢與中國",『現代國際關係』, 第1期(2012).

- 楚樹龍, "中美長期關系的兩根支柱",『現代國際關係』, 第3期(2013).

- 曹金緒, "同盟政治理論的發展",『國際政治科學』, 第4期(2011).

- 董向榮, "韓國到底是個什麼樣的國家",『世界知識』, 第16期(2017).

- 董向榮, "中國外交佈局調整與中韓關係發展新契機",『東北亞學刊』, 第3期(2015).

- 戴士權, "中韓關系的演變及其對東北亞局勢的影響",『東北師大學報』, 第4期(2005).

- 戴維來, "韓國中等強國外交戰略及其對中國的影響",『當代亞太』, 第2期(2016)

- 房樂憲, "中美合作夥伴關係新定位評析",『教學與研究』, 第9期(1998).

- 馮紹雷·封帥, "中國周邊安全的新認知:特點,功能與趨勢",『國際安全研究』, 第2期(2013).

- 方長平, "東亞一體化與中國的東亞戰略",『現代國際關係』, 第2期(2011).

- 馮昭奎, "日美關系:從戰後到冷戰後",『美國研究』, 第3期(1996).

- 龔克瑜, "中國對美韓同盟的認識與新安全觀",『東北亞學刊』, 第5期(2012).

- 甘睿森, "中韓經貿合作現狀與貿易便利化實證分析",『哈爾濱商業大學學報(社會科學版)』, 第2期(2017).

- 郭銳, "當前韓國民族主義對中韓關系的現實影響及我國對策",『遼東學院學報(社會科學版)』, 第4期(2014).

- 郭銳, "FTA時代的中韓戰略合作夥伴關系發展:機遇,挑戰與思路",『當代韓國國』, 第3期(2015).

- 郭銳, "中韓關系發展的走向,難點與經驗",『當代韓國』, 第3期(2017).

- 黃仁國, "中美兩國協議評價",『現代國際關係』, 第5期(2012).

- 丁工, "韩国对外合作新方略与中韩经贸关系新机遇",『中国对外贸易』, 제1집(2021).

- 傅勇,『非傳統安全與中國』, 上海:人民出版社.(2007).

- 高飛, "中国的总体国家安全观浅析",『科学社会主义』, (2015).

- 葛東升,『國家安全戰略論』, 北京:軍事科學出版社,(2006).

- 国务院新闻办公室,『中国的粮食安全白皮书』,(2019).

- 胡錦濤, "高舉中國特色社會主義偉大旗幟 為奪取全面建設小康社會新勝利而奮鬥——在中國共產黨第十七次全國代表大會上的報告.『人民日報』,(2007).

- 胡玥·王生, "中韩经贸合作面临的问题趋势与对策."『经济纵横』, 제5집(2019).

- 江澤民, "爲建立公正合理的國際新秩序共同努力."『人民日报』, (1997).

- 李冬新, "中韩FTA实施对两国服务贸易的影响研究."『韩国研究论丛』, 제2집. (2017).

- 刘跃进, "新时期总体国家安全观指导下的中国国家安全战略目标及措施."『江南社会学院学报』, 제17집제4호. (2015).

- 劉定波,『世紀初中國國家安全戰略』, 北京: 時事出版社. (2006).

- 劉國華, "毛泽东邓小平江泽民国际战略思想比较."『湖南科学大学学报』, 제5집. (2004).

- 劉躍進, "大安全时代的总体国家安全观."『理论前沿』, (2014).

- 麻陆东, "总体国家安全观视阈下东北亚安全合作困境探究."『社会主义研究』, 제4집. (2016).

- 潜旭明·倪世雄, "中美在东北亚竞逐兼容关系分析."『中国青年社会科学』, (2015).

- 史丹, "全球能源格局变化及对中国能源安全的挑战."『中外能源』, 제3집. (2013).

- 习近平, "在党的十八届三中全会第一次全体会议上的讲话."『人民日报』, (2013).

- 习近平, "共同构建人类命运共同体."『人民日报』, (2017).

- 习近平, "主持召开国家安全工作座谈会强调: 牢固树立认真贯彻总体国家安全观开创新形势下国家安全工作新局面."『人民日报』, (2017).

- 习近平, "全面贯彻落实总体国家安全观.开创新时代国家安全工作新局面."『人民日报』, (2018).

- 习近平, "构建起强大的公共卫生体系.为维护人民健康提供有力保障."『人民日报』, (2020).

- 许宝健,『中国小微企业生存报告』, 北京:中国发展出版社, (2012).

- 楊魯慧, "中韩新型伙伴关系与朴槿惠政府的信任外交."『理论视野』, (2014).

- 楊毅,『國家安全戰略研究』. 北京: 国防大学出版社, (2007).

- 翟福生·殷亚硕, "总体国家安全观视阈下东北亚安全问题论析."『江南社会学院学报』, 제3집, (2021).

- 张蕴岭, "精确认识百年未有之大变局."『社科院专刊』, (2022).

- 中共中央文獻編輯委員會,『鄧小平文選(第3卷)』, (1993).

- 中共中央文獻研究室,『毛澤東文集(第6卷)』, (1999).

- 周文重, "命运共同体: 亚洲的生存发展之道——博鳌亚洲论坛与亚洲新未来."『求是』, (2015).

새 시대를 이끄는
시진핑과 한중 관계

초판 발행| 2025년 1월 1일

지은이| 이창호

펴낸이| 이창호
디자인| 이보다나
인쇄소| 거호 커뮤니케이션

펴낸곳| 도서출판 북그루
등록번호| 제2018-000217
주   소| 서울특별시 마포구 토정로 253 2층(용강동)
도서문의| 02) 353-9156

ISBN 979-11-90345-23-1 (03910)